और अन्त में

व्यंग्य पत्र

और अन्त में

हरिशंकर परसाई

वाणी प्रकाशन

वाणी प्रकाशन
4695, 21-ए, दरियागंज, नयी दिल्ली 110 002
फ़ोन : +91 11 23273167 फ़ैक्स : +91 11 23275710
शाखाएँ
अशोक राजपथ, पटना 800 004, बिहार
कॉफ़ी हाउस कैम्पस, महात्मा गांधी मार्ग, इलाहाबाद 211 001, उत्तर प्रदेश
महात्मा गांधी अन्तरराष्ट्रीय हिन्दी विश्वविद्यालय, वर्धा 442 001, महाराष्ट्र
www.vaniprakashan.in
marketing@vaniprakashan.in
sales@vaniprakashan.in

AUR ANT MEIN
by Harishankar Parsai

ISBN : 978-93-88684-54-5
Satire

पाँचवाँ संस्करण 2001
आवृत्ति 2019

मूल्य : ₹ 250

एम.एस. प्रिंटर्स, दिल्ली-110 095 में मुद्रित

वाणी प्रकाशन का लोगो मक़बूल फ़िदा हुसेन की कूची से

सन्दर्भ

'कल्पना' के सम्पादक मेरे बन्धु बदरीविशाल पित्ती ने लिखा था कि मैं उनकी पत्रिका में नियमित व्यंग स्तम्भ लिखूँ। कुछ असामान्य लगा। साहित्यिक पत्रिकाएँ ब्राह्मण होती हैं, व्यंग शूद्र वर्ण का माना गया है। उसने कभी ब्राह्मण को नहीं छुआ। साहित्यिक पत्रिकाओं को उठाकर देख लीजिए। मुझे लगा बदरीविशाल अछूतोद्धार के काम में जुट गए हैं। या शूद्र का रुतबा बढ़ गया है। जो भी हो, मुझे खुशी है कि यह स्थिति आ गई है कि अध्यात्म और धर्म की पत्र-पत्रिकाओं में भी कुछ व्यंग आने लगा है। पत्र-पत्रिकाओं में व्यंग का स्तम्भ अनिवार्य-सा हो गया है। इस शुभ स्थिति को लाने में 'कल्पना' का योग-दान मानना पड़ेगा। जो न मानेगा, उसे ठीक कर दिया जाएगा।

'और अन्त में' शीर्षक के नीचे मैंने ये पत्र सम्पादक को लिखे थे। इनमें मुख्यतः साहित्यिक और साधारणतः सामाजिक-राजनैतिक क्षेत्रों की गतिविधियों पर व्यंग हैं। फैलाव इनमें काफी है।

सम्पादक के नाम पत्र के रूप में व्यंग नई बात नहीं है। हमारे पुरखे द्विवेदी युग में यह कर गए हैं। वे हम लोगों से कम भी डरते थे।

और अन्त में—आशा है यह व्यंग-संग्रह सुधी जनों को सदाचारी बनाएगा, उनका हाजमा ठीक करेगा और उनके दिमाग को तरावट देगा।

—हरिशंकर परसाई

एक

प्रिय भाई,

आपका पत्र मिला। आपने चाहा है कि मैं 'कल्पना' में प्रतिमास, नियमित रूप से व्यंग्य स्तम्भ लिखूँ। यह प्रस्ताव मुझे मंजूर है; पर मेरी भी कुछ शर्तें हैं :

१. 'नियमित' का अर्थ मेरे लिए, 'जब मन चाहे तब लिखना' है। अंग्रेज़ी में इस स्थिति को 'मूड' कहते हैं, पर मैं इस शब्द का प्रयोग नहीं कर रहा, क्योंकि आप 'अंग्रेज़ी हटाओ' आन्दोलन चला रहे हैं। बात यों है कि आसपास ऐसी भीषण घटनाएँ हो जाती हैं कि मनःस्थिति बिगड़ जाती है—मसलन, मेरे घर के सामने के नीम की पत्तियाँ झड़ गई हैं और मेरा मन बेहद उदास हो गया है। शहर में घोर दंगा भी हुआ है और मैं तनिक विचलित नहीं हुआ। पर इस नंगे, अपत्र नीम को देखकर मेरा मन रोता है। जब तक इसमें कोंपलें न आ जाएँ, मैं एक शब्द नहीं लिख सकता। इधर लोग दंगे से परेशान हैं, पीड़ितों के लिए हाय-हाय करते हैं, शान्ति और सद्भाव के लिए प्रयत्न करते हैं। किसी को परवाह़ नहीं है कि मेरे सामने के नीम के पत्ते झड़ गए हैं। क्या किया जाए ? 'मूल्यों का विघटन' जो हो रहा है।

२. आम पत्रिकाएँ 'पत्रं पुष्पं' देती हैं। मैं 'पत्रं पुष्पं' बहुत पा चुका। अब 'फलं तोयं' लूँगा। फल खाकर पानी पीना चाहता हूँ। फूल सूँघकर पत्ते कानों में बहुत खोंस चुका।

३. जितना पारिश्रमिक आपने प्रस्तावित किया है, उतने से काम नहीं चलेगा, क्योंकि आप देख ही रहे हैं, 'मूल्यों का विघटन' हो रहा है। मैं उससे डेवढ़ा लूँगा और यह रकम मेरे-आपके बीच एक रहस्य रहेगी। अपने शत्रुओं को मैं दुगनी बताऊँगा और आपके शत्रुओं को आधी, जिससे मेरे शत्रु जलेंगे और आपके शत्रु प्रसन्न होंगे। मेरे इस प्रचार का खण्डन करने का अधिकार आपको नहीं होगा।

४. पारिश्रमिक आपको कम-से-कम एक वर्ष बाद भेजना होगा, जब मैं १५-२० तगादे के कार्ड लिख चुकूँ। यदि इससे पहले आप भेज देंगे तो मैं स्वीकार नहीं करूँगा, क्योंकि तब मुझे वह रकम चोरी की लगेगी और आपको लगेगा कि आप लूट लिए गए। मेरे हर तगादे पर आपको यह उपदेश देने का हक होगा कि साहित्य-रचना, अन्ततः तपस्या ही है और लेखक को परचून की दूकान खोलकर पेट भरते हुए, अपनी रचनाएँ प्रकाशक को बिना मूल्य देना चाहिए। प्रकाशक अगर सामने यह कहे, तो ऐसा अच्छा लगता है कि उसका मुँह चूम लेने को जी चाहता है। मेरा खयाल है कि लेखक-प्रकाशक में ऐसा सुलझा हुआ समझौता हो जाना चाहिए, क्योंकि, आप देख ही रहे हैं, 'मूल्यों का विघटन' बड़ी तेजी से हो रहा है।

५. साहित्य-रचना के सम्बन्ध में मैं कुछ मर्यादाएँ मानता हूँ, जैसे यही कि विद्या, साहित्य, कला का अधिकारी केवल ब्राह्मण है। जिन विप्रगुरु के चरणों में बैठकर मैंने विद्या पाई है, वे पहले विद्यापति ठाकुर को कवि ही नहीं मानते थे, क्योंकि 'ठाकुर' से उन्हें कवि ब्राह्मण होने का भ्रम हो गया था। फिर, जब उन्हें बताया गया कि मैथिली ब्राह्मणों में 'ठाकुर' उपनाम होता है, तब उन्होंने विद्यापति को महान् कवि घोषित किया। ऐसे निष्ठवान हैं मेरे गुरु! और आज ऐसी निष्ठा विशेष आवश्यक है, क्योंकि, आप देख ही रहे हैं, 'मूल्यों का विघटन' हो रहा है।

६. इस पत्र के साथ मैं आपको अपने शत्रुओं और मित्रों की दो 'लिस्टें' (ओफ ! शातं पापं) नामावलियाँ भेज रहा हूँ। अपने स्तम्भ में मैं शत्रुओं को उखाड़ूँगा, और आपका कर्तव्य होगा, जड़ों में मठा डालना। मित्रों को मैं जमाऊँगा, और आप जड़ों में खाद देंगे। आप भी इसी तरह मुझे अपने शत्रुओं-मित्रों की नामावली भेज सकते हैं। मैं अपना कर्त्तव्य पहचानता हूँ। हमें इसी पद्धति से काम करना चाहिए, क्योंकि आप देख ही रहे हैं, 'मूल्यों का विघटन' हो रहा है।

७. मैं अपने को निर्दल घोषित करता हूँ, और जहाँ तक जानता हूँ, आप भी अपने को यही बताते हैं। आइए, हम मिलकर एक नया दल बना लें—'निर्दलीय दल' ! आप और मैं मिलकर प्रयत्न करेंगे, तो शीघ्र अपना दल बड़ा और शक्तिशाली हो जाएगा। हिन्दी-साहित्य के कल्याण के लिए

दल बनाना आवश्यक है, क्योंकि, आप देख ही रहे हैं, 'मूल्यों का विघटन' हो रहा है।

८. अपने दल को बढ़ाने के लिए हमें कुछ अपने नए लेखक भी बनाने चाहिए। मेरे ७, १० और १३ वर्षों के तीन भानजे हैं। मैं इनकी रचनाएँ भेजूँगा और आप छापने को बाध्य होंगे। ३-४ रचनाओं के बाद, मैं अपने स्तम्भ में, इन्हें हिन्दी के इस दशक की सबसे प्रधान 'उपलब्धि' सिद्ध कर दूँगा। जो नहीं मानेगा, उसे मैं देख लूँगा—मेरे हाथ में स्तम्भ जो है। आप अपने घर के बच्चों के लिए भी ऐसे ही प्रयत्न करें। इस समय अपने घर के जितने लेखक हो जाएँ, उतना ही अच्छा होगा, क्योंकि आप देख ही रहे हैं, 'मूल्यों का विघटन' हो रहा है।

९. स्तम्भ शुरू करते ही मैं यह प्रचार करने लगूँगा कि अब तो 'कल्पना' पर मेरा कब्जा हो गया। आप मेरे इस दावे का खण्डन नहीं कर सकेंगे। जिसे दल चलाना है, उसका कब्जा किसी पत्रिका पर होना ही चाहिए, क्योंकि आप देख ही रहे हैं, 'मूल्यों का विघटन' बड़ी तेजी से हो रहा है।

१०. मैं योजना-बद्ध साहित्य-व्यापार करता हूँ। मेरा भी एक संगठन है, जिसमें ५०-६० मित्र हैं। आप इन्हें 'पाठक' कह सकते हैं। मैंने इन्हें पेशगी डाक खर्च दे रखा है और—मेरी रचना कहीं छपते ही ये सम्पादक को प्रशंसा-पत्र लिख देते हैं। ये आपको भी मेरे स्तम्भ के विषय में लिखेंगे और आपको इन पत्रों को छापना होगा। इन पत्रों के लिए जो डाक खर्च लगेगा, उसमें से आधा आपको देना होगा। इस प्रकार के पाठकों की आज बहुत आवश्यकता है, क्योंकि आप देख ही रहे हैं, 'मूल्यों का विघटन' हो रहा है।

११. जब स्तम्भ शुरू हुआ है, तो वह किसी दिन बन्द भी होगा। तब मैं आपकी बदनामी करूँगा और आप मेरी करेंगे। सही कारण बताने का अधिकार न मुझे होगा, न आपको। आप यह कह सकेंगे कि मैं स्तम्भ में व्यक्तिगत राग-द्वेष में जाता था और मैं यह कहूँगा कि आपके पत्र की नीति ही ढुलमुल है। आज सत्य कारण नहीं बताया जा सकता, क्योंकि, आप देख ही रहे हैं, 'मूल्यों का विघटन' हो रहा है।

आप इन शर्तों पर विचार कर लें और यदि आपको ये स्वीकार्य हों, तो

इस पत्र को ही पहली किस्त मानकर आगामी अंग में छाप दें। मेरे नीम में कोंपल आ जाएँगे, तब मैं आगामी किस्त लिख भेजूँगा।

आशा है प्रसन्न हैं।

पारिश्रमिकाभिलाषी
ह० शं० प०

दो

प्रियवर,

पिछले अंक के लिए मैं आपको स्तम्भ नहीं भेज सका और आपने सम्पादकीय चातुर्य से दुनिया को यह बता दिया कि मेरे नीम में कोंपलें नहीं आईं। सच यह है कि कोंपलें तो आ गई थीं; पर लेखक की और मजबूरियाँ भी होती हैं। मैंने स्तम्भ लिख लिया था, लिफाफे में बन्द करके जीभ से गोंद-दानी का काम भी ले चुका था और डाक में छोड़ने जा ही रहा था कि अचानक आसमान में घटाएँ छा गईं। मैं वहीं बैठ गया। 'मन मत्त मयूर' होकर अनुप्रास साधने लगा। मैं जानता हूँ कि यह छायावादी संस्कार है और नए लेखक के नाते मुझे घटाएँ नहीं देखनी चाहिए थीं, बल्कि किसी के बगीचे में जाकर 'कैक्टस' को सहलाना था। पर मैं उस क्षण छायावादी संस्कारों से आक्रान्त था। एक छायावादी कवि के साथ ३-४ महीने रहने का अपराध मैंने किया था। जब घटा उमड़ती, तो वे वहीं ढेर होकर बैठ जाते और आत्मविभोर हो पूछते, 'भाई, क्या तुम मुझे बता सकते हो कि बादलों में से वह कौन आभामय झाँकता है?' मैं कहता, 'कोई नहीं है; बिजली चमक रही है।' वे कहते, 'नहीं, बिजली में कौन हँसता है? तारों में कौन झिलमिलाता है?' मैं उत्तर दे नहीं पाता, तो वे मेरी सम्वेदनहीनता पर तरस खाकर कहते, 'तुम्हारी आँखें केवल स्थूल देख पाती हैं; मेरी स्थूल के भीतर की सूक्ष्म सत्ता को खोजती हैं।' 'बादलों में, नक्षत्रों में, विद्युत् में, फूलों में, फूलवालियों में कौन हैं?' हिन्दी कविता के उस 'कुतूहल-युग' में कौन, क्या, कोई, किसी आदि सर्वनामों ने कवियों का बड़ा साथ दिया। यों सर्वनामों ने हर युग के कवि को संकट से बचाया है। 'फिर किसी की याद आई!'—इसमें जिसकी याद आई है, उसका नामोल्लेख करने से कवि झंझट में पड़ सकता है। मान लीजिए, विभा की

याद आ रही है। अब अगर कवि लिखे 'फिर विभा की याद आई !' तो विभा के पिता, भाई या पति बेचारे से मारपीट करने आ पहुँचेंगे। इसलिए अनिश्चयवाचक सर्वनाम 'किसी' से काम चलाया गया।

हाँ, तो छायावादी संस्कारों से बाध्य होकर मैं लिफाफा लिए बैठ गया और बादलों की ओर देखने लगा। लेखकों के लिए बादलों से खाद्य-पदार्थ किसी दिन बरसेंगे—मुझे विश्वास है। विश्वास का आधार है—एक कवि ने हाल ही में भुखमरी से तंग आकर आत्महत्या कर ली थी, तब हिन्दी में सबसे वयोवृद्ध पत्रिका के वयोवृद्ध सम्पादक ने लिखा था कि कवि ने आत्महत्या क्यों कर ली? जीने के कितने आधार हैं—ये उमड़ते-घुमड़ते मेघ, ये झिलमिलाते तारे, यह उफनता सागर, यह हँसती चाँदनी, ये मुस्कुराते फूल ! सम्पादक, फिर वयोवृद्ध सम्पादक, कभी झूठ नहीं बोलते। मैं आशा से बादलों को देखता रहा। सहसा युग-परिवर्तन हो गया और मैं नई कविता के युग में आ गया। अब तो नए 'आयाम' खुल गए। 'अव्यक्त सत्ता' से छूटा, तो 'क्षण की सत्ता' में फँस गया। मैं तुरन्त उस क्षण की गहराई में डूब गया और यह कविता लिख डाली—

मेघ, नाला, मेंढक, बिच्छू और मैं

!

! ! — — — … …

! … ! … ! — ! ! ! !

… … … …

क ख

ग घ ! !

———

य र ल व

श ष स ह

क्ष त्र ज्ञ ! ! !

छायावादियों का सहारा अनिश्यवाचक सर्वनाम था, तो नए कवि का सहारा विस्मयादिबोधक चिह्न हैं—यह रहस्य मैं उसी क्षण समझ गया। कविता पूरी करते ही एक नए कवि, जो नई कविता के व्याख्याकार

भी हैं, आ पहुँचे। रचना देखकर बोले, 'वाह, तुमने क्षण को उसकी पूरी गहराई, गरिमा और सम्पूर्णता के साथ अभिव्यक्त किया है। मैं कहता हूँ, तुम कहानी-निबन्ध का पचड़ा छोड़ो। कविता लिखो। तुम्हें क्षण की अच्छी पकड़ है।'

बस भाई, उस क्षण की सत्ता के प्रभाव में आकर मैंने लिफाफा फाड़ डाला। मैं उन क्षण भूल गया कि पिछले क्षण मैंने ही वह स्तम्भ लिखा है और अगले क्षण उसे डाक में छोड़ने वाला हूँ। यदि पीछे और आगे वाले क्षण की याद रखूँ और यह मानूँ कि प्रस्तुत क्षण पिछले से सम्बद्ध है और आगे वाले क्षण से उसका कारण बनकर जुड़ेगा, तो सच्चा 'क्षणवादी' हो ही नहीं सकता। मुझे हर क्षण को अलग पकड़ना है। यह बड़ा कठिन है; एकदम हठयोग है। धूल मुट्ठी में भरकर तो उठाई जा सकती है, पर कोई अगर रस्सा लेकर एक-एक कण को बाँधने लगे, तो कण तो नहीं बँधेगा, रस्सी में गाँठें अलबत्ता पड़ जाएँगी। जैसा कण, वैसा क्षण! मैं एक-एक क्षण को चेतना की रस्सी से बाँधने का प्रयत्न कर रहा हूँ और अभी तक कितनी ही गाँठों का धनी हो गया हूँ। अब क्या करूँ? एक ही रास्ता है—इन गाँठों को प्यार करने लगूँ, इनकी जय बोलूँ और इन्हें गौरव से सजाऊँ।

मैंने कहा न, क्षण की साधना हठयोग है। आज एक क्षण की असावधानी में मेरी उँगली में पिन चुभ गई। ज्यों ही रक्त निकला, मैं पिछले क्षण से टूट गया और भूल गया कि पिन चुभी है। चिल्ला उठा कि साँप ने काट खाया! संयोग से पास ही बैठे एक मित्र ने स्थिति संभाल ली, वरना पागल समझ लिया जाता।

क्षणवादियों को यदि किसी देवता की आवश्यकता हुई, तो मैं पतंगे को कुल-देवता बनाने का सुझाव दूंगा। पतंगा हर क्षण को अलग-अलग जीता है। इस क्षण दीपक से झुलसता है और अगले क्षण भूल जाता है कि यह लौ है, जिससे अभी जला है। वह फिर लौ से टकराता है। वह पूर्ण क्षणवादी है। हर क्षण उसी क्षण की गहराई में डूबा रहता है।

बन्धु, क्षण-साधना के लाभ मुझे दिखने लगे हैं। मुझ-जैसे गैरजिम्मेदार आदमी की गैरजिम्मेदारी को एक दर्शन मिल गया है और जिस कमजोरी से आज तक लज्जित होता रहा, उससे अब गौरवान्वित हो सकूँगा। बाहर समाज में हारने पर घर में क्षण की चादर ओढ़, चैन से सो सकूँगा। पुराने

जमाने में पराजित राजा को रनिवास में ही चैन मिलती थी; क्षण आज के हारे योद्धा का रनिवास ही है। जब युग ललकारेगा, माँग करेगा, तब मैं क्षण की सीपी में बन्द होकर मोती बनाऊँगा। सबसे बड़ा लाभ तो यह है कि पीठ पर से इतिहास का बोझ उतरता है और पंचवर्षीय योजनाओं की व्यर्थता समझ में आने लगती है।

सुना है, आप कश्मीर हो आए। तब तो २-४ सौ कहानियों के लिए सामग्री ले आए होंगे। लोग तो एक दिन कश्मीर में रहकर ज़िन्दगी-भर कश्मीर की कहानियाँ लिखते हैं।

पत्र लम्बा हो गया। पर इतना वक्तव्य आवश्यक था। इससे मेरे स्तम्भ की 'रचना-प्रक्रिया' समझने में मदद मिलेगी।

क्षण-साधक

ह० शं० प०

तीन

प्रिय बन्धु,

पिछले पत्र में मैंने लिखा था कि किस प्रकार बादल देखकर मैं क्षण की गहराई में डूब गया। जब उबरा तो देखा कि पानी झमाझम बरसने लगा है। पहले तो भाई भवानी प्रसाद मिश्र की 'बरसात आ गई रे !' कविता का पाठ किया। फिर मन एकदम रामचरितमानस के वर्षा-प्रसंग तक उड़ गया। सोचा कि जब लोग वैदिक प्रतीक लेकर आधुनिक काव्य रच लेते हैं, तो क्या मैं गोस्वामी जी का पल्ला पकड़कर नया वर्षा-वर्णन नहीं कर सकता ? अन्तर का स्वर बोला—अवश्य कर सकते हो। बस मैंने 'श्री गुरुचरण सरोज रज निज मन मुकुर सुधार', वर्षा-ऋतु के सौन्दर्य का वर्णन ठीक रामचरितमानसीय ढंग पर कर डाला। सो, सुहृदजनों के अवलोकनार्थ यहाँ लिख रहा हूँ—

हे लक्ष्मण, मेघ घमंडी लेखकों की तरह गरज रहे हैं और हाथ में कोई पत्रिका न होने के कारण मेरा मन डरता है।

बादल आकाश में आंचलिक कथाओं की तरह छा गए हैं और उनमें बिहार के पूर्णिया जिले के नक्शे बन-बिगड़ रहे हैं।

मेंढक चारों ओर टर्रा रहे हैं जैसे नए कवि रचना-प्रक्रिया पर चर्चा

कर रहे हों।

हे लक्ष्मण, तालाब पानी से लबालब भर गए हैं, मानो बादलों ने इनकी रायल्टी का पूरा हिसाब कर दिया हो।

देखो, बादलों में कभी-कभी बिजली चमकती जाती है, जैसे दो-चार महीने में किसी पत्रिका में कोई अच्छी कविता दिख जाती है।

हे लक्ष्मण, ज़रा सावधानी से चलो। घास में साँप छिपे हैं, जैसे छद्मनाम के पीछे लेखक छिपा है जो दिखता नहीं है, सिर्फ काटता है।

उधर सुनो। एक मेंढक बड़ी प्रसन्नता से खूब जोर से टर्रा रहा है जैसे किसी लेखक की पुस्तक माध्यमिक कक्षाओं के पाठ्य-क्रम में आ गई हो।

पक्षी घोंसलों से सिर निकालकर बार-बार झाँक रहे हैं जैसे बड़े लेखक लिखना छोड़, उत्सुकता से प्रतिनिधि मण्डलों में विदेश जाने का मौका ताक रहे हों।

हे भाई, यह पक्षी वृक्ष से उड़कर यहाँ घर की मेहराब में बैठ गया, जैसे परम आंचलिक 'रेणु' मौसम खराब देखकर, ग्राम-जीवन से उठकर शहरी मध्यम वर्ग पर आ गए हैं।

हे लक्ष्मण, देखो; पर्वत बूंदों के आघात सह रहा है। ऐसा लगता है जैसे 'कण्टेम्परेरी इंडियन लिटरेचर' में हिन्दी साहित्य पर लेख लिखकर, हिन्दी लेखकों के कटु शब्द सह रहे हैं।

उस गधे को देखो। वह मैदान की सारी घास चर जाने की महत्त्वाकांक्षा से कितना प्रसन्न है, जैसे कोई लेखक एक विध्वंसक लेख लिखकर साहित्यिक नेता बनने के मनसूबे बाँधे।

हे लक्ष्मण, इस सूखे वृक्ष में एक फुनगी फूट आई है, जैसे किसी चुके हुए सयाने लेखक को 'पद्म-भूषण' की उपाधि मिल गई हो।

भाई, इस नाले को देखो। थोड़े से पानी से यह इस कदर फूल गया है मानो इसे आकाशवाणी का कोई कार्यक्रम मिल गया है और यह बड़ी फुर्ती से आकाशवाणी केन्द्र जा रहा है।

हे लक्ष्मण, यह पगडंडी घास में उसी तरह छिप गई है, जिस तरह रहस्यवादी भाषा में कथा-साहित्य की समीक्षा छिपी जा रही है।

हे भाई, यह मयूर कलगी साधकर कैसे हर्ष से नृत्य कर रहा है मानो लेखक किसी पुस्तक पर सरकारी पुरस्कार पा गया हो।

हे लक्ष्मण, इस बड़े वृक्ष पर बैठे पक्षी चहचहा रहे हैं, जैसे भक्तमण्डली हिन्दी के आचार्य के गुणगान कर रही है। और वृक्ष झूम रहा है जैसे आचार्य प्रशंसा से झूम उठते हैं।

हे भाई, सूखे खल्वाट पर्वत पर भी कुछ हरियाली छा गई है जैसे किसी भूतपूर्व लेखक ने अनायास संस्मरण की पुस्तक छपा ली हो

हे लक्ष्मण, इस नीलकंठ को देखो। इसे देखकर मुझे वैसे ही प्रसन्नता होती है, जैसी राजधानी के लेखकों को प्रसार-मन्त्री के दर्शन से होती है।

हे भाई, इन बछड़ों को देखो। वर्षा के आघात से घबराकर ये इस पुराने मकान की छाया में सहमे खड़े हैं, जैसे सम्पादकों द्वारा दुर-दुराया गया उदीयमान लेखक किसी मठाधीश का सहारा लेता है।

हे लक्ष्मण, यह सूखा कुआँ भर गया है जैसे लेखक सहसा प्रकाशक हो गया हो।

हे भाई, ये पतंगे दीपक के आसपास ऐसे मँडरा रहे हैं, जैसे शोधछात्र विश्वविद्यालय के आचार्य के आसपास मँडराते हैं। और आचार्य उनकी स्वतन्त्र प्रतिभा के पंख जला रहे हैं।

हे लक्ष्मण, तुम उस छाते को लेकर बाहर मत निकलो। उसमें बड़े-बड़े छेद हैं। तुम्हारी हालत उस लेखक-जैसी हो जाएगी, जो कमजोर समीक्षक की छाया तले चलता है। हे भाई, यह छाता तुम्हें धोखा दे जाएगा। तेज हवा से यह उलट जाएगा और तुम उस लेखक की तरह संकट में पड़ जाओगे, जिसका समीक्षक उसे प्रक्षेपित करके, हट जाता है।

बन्धु, वर्षा-वर्णन यहीं समाप्त होता है। इसमें बिम्ब-प्रतीक सब नए हैं, शब्द की चाहे न हो, पर अर्थ की लय तो है ही; आधुनिक भाव-बोध भी है। कोशिश करके इसे 'नई कविता' में शामिल करवा देना। यदि इस व्यंग्य-खण्ड को स्वीकार किया गया, तो मैं प्रोत्साहित होकर चौथे सप्तक तक २५-३० कविताएँ लिख ही डालूंगा। शेष भविष्य के गर्भ में है।

आशा है, आप सब सानन्द हैं।

सस्नेह

ह० शं० प०

चार

प्रिय बन्धु,

इधर मैं एक आंचलिक उपन्यास के लिए सामग्री जुटा रहा हूँ। आप जानते हैं कि मुझे यूँ ही काफी देर हो गई है। देखते-देखते एक के बाद एक अंचल उठते गए। 'रेणु' ने पूर्णिमा जिला उठाया और फिर गढ़वाल उठा, काश्मीर गया, समुद्री अंचल उठा, बस्तर भी हाल ही में उठ गया। मेरे पड़ोसी बुन्देलखण्ड को, भूत-वर्तमान-भविष्य समेत बाबू वृन्दावनलाल वर्मा ने ले लिया है। सुना है, कोई भाई मालवा पर भी कब्जा कर रहा है। अंचल उठते गए और मैं बैठा-बैठा देखता रहा, जैसे अच्छी लड़कियाँ उठती जाएँ और दुबेजी क्वाँरे बैठे रहें। तमाम अंचलों पर लेखकों के कब्जे हो गए; एक जागीरदारी खतम हुई तो साहित्यिक जागीरदारी जम गई। अब कोई अंचल बचा नहीं। अगर किसी लेखक के अंचल पर मैं लिख डालूँ और वह मुकदमा दायर कर दे तो? मैं एक दिन इसी चिन्ता में मशगूल था कि अब हिन्दी कथा-साहित्य का क्या होगा? इससे भी अहम् सवाल है—मेरा क्या होगा?

मेरा एक मित्र आया। मैंने कहा, 'मित्र, अब तो कोई अंचल खाली नहीं है। हिन्दी माता की गोद काहे से भरी जाएगी? माँ भारती का क्या भविष्य होगा?' उसने कहा, 'पहले तुम आँसू पोंछो, फिर ज़रा स्पष्ट बात करो। हिन्दी माता पर ऐसा क्या संकट आ गया? मुख्यमंत्रियों ने राष्ट्रीय एकता के हल्ले में अंग्रेज़ी को अनन्तकाल तक चलाने का निश्चय कर लिया है। अब हिन्दी उसी तरह निश्चिंत रह सकती है जिस तरह अँग्रेज़ी की छत्र-छाया में देशी रजवाड़े रहते थे।' मैंने कहा, 'दोस्त, तुम समझे नहीं। मेरा मतलब है कि कथा-साहित्य में गतिरोध आ गया।' इस पर वह हँस पड़ा। कहने लगा, 'तुम किस मुँह से गतिरोध का नारा लगाते हो? यह वही कह सकता है जो स्वयं रास्ते पर रोड़ा बनकर अड़ गया है। क्या तुमने ऐसे लेख कहीं पढ़े—

हिन्दी कविता में गतिरोध

—पं० विद्यानन्दन पाण्डे

अर्थात् पं० विद्यानन्दन पाण्डे हिन्दी कविता में गतिरोध हैं। तुम तो किसी के रास्ते में नहीं हो। तुम क्यों हल्ला मचाते हो?'

मैंने कहा, 'मुझे मेरी चिन्ता है। आंचलिकता का भूत भागा जा रहा है और चाहता हूँ कि उसकी लँगोटी छीन लूँ। पर कोई अंचल मेरे लिए खाली नहीं है।'

वह बोला, 'तुम फिजी द्वीप के निवासियों के जीवन पर लिखो। वह भी एक सुदूर अंचल है।'

मैंने कहा, 'न मैंने फ़िजी देखा, न वहाँ के निवासी देखे और न उनके जीवन का अध्ययन किया।'

मित्र बोला, 'इसकी क्या ज़रूरत है? मैं तुम्हें फिजी सरकार के प्रकाशन विभाग की पुस्तिकाएँ दे दूँगा। उनमें तुम्हें निवासियों के नाम, गाँवों के नाम और व्यवहार की चीज़ों के नाम मिल जाएँगे। कुछ प्रथाओं का भी अनुमान हो जाएगा। इतने से तो तुम ऐसा प्रामाणिक उपन्यास लिख सकते हो कि फिजी के लेखक भी चकरा जाएँ।'

उसने मुझे पुस्तिकाएँ लाकर दीं। उन्हें पढ़कर मुझमें बड़ा आत्म-विश्वास जाग उठा। मुझे विश्वास हो गया कि किसी जीवन के मध्य में रहने वाले लेखक से अच्छा उस जीवन के बारे में वह लिख सकता है जो प्रकाशन विभाग की पुस्तिकाएँ पढ़ता है। पर मैं फिजी अंचल पर नहीं लिखूँगा। मुझे यहीं अपने पास एक खाली अंचल मिल गया है। मैं एक आंचलिक उपन्यास लिखूँगा।

मुहल्ले का नाम है—बाबूपुरा; मेरे उपन्यास का नाम होगा—'बाबूपुरा परिकथा'। नाम पसन्द आया आपको? बाबूपुरा में अंचल होने के सब गुण मौजूद हैं। अंचल में दूर की घटनाओं की अनुगूँज होती है। बाबूपुरा में भी होती है। शहर के दूसरे छोर पर दंगा हुआ था, पर बाबूपुरा-वासी दिन-रात काँपते रहते थे।

बन्धु, अंचल तो अच्छा हाथ लग गया। अब नायक चाहिए। मेरे सामने नमूने के लिए परम आंचलिक रेणु की 'परती परिकथा' है। इसी

के अनुसार नायक की व्यवस्था करनी है। पर 'परती परिकथा' का नायक है कौन ? आप कहेंगे—जित्तन या जितेन्द्र बाबू। मैं नहीं मानता। मैं चार सालों से इस पर विचार कर रहा हूँ और इस निष्कर्ष पर पहुँचा हूँ कि नायक वह कुत्ता मीत है। इस कुत्ते के चरित्र का लेखक ने अधिक कुशलता से विकास किया है। आरम्भ से अन्त तक उसके चरित्र में एक संगति है जो जित्तन के चरित्र में नहीं है। मीत का व्यक्तित्व उपन्यास में आद्योपान्त है। हर अध्याय में, हर प्रसंग में वह जहिर है। किसी-किसी अध्याय का तो आरम्भ ही उसकी वाणी से होता है—भौं-भौं-भौं-भौं ! मीत बहुत समझदार और जिम्मेदार है। खेतों में टैक्टर चलवाते समय किसानों का एल दल जित्तन का विरोध करने आता है। उस क्षण मीत की कर्त्तव्य-भावना जाग्रत् होती है। वह जानता है कि नायक वह है जित्तन नहीं है; और इस समस्या को हल करना उसकी जिम्मेदारी है। वह जित्तन को बोलने भी नहीं देता और खुद किसानों पर टूट पड़ता है। वह वीर है, कर्त्तव्यनिष्ठ है। और वह शहीद की मौत मरता है जो नायक होने के लिए बहुत ज़रूरी है। यदि मुझे 'परती परिकथा' जैसा उपन्यास लिखना है, तो किसी पशु को नायक बनाना पड़ेगा। इस मुहल्ले में एक अच्छा बकरा था, जो घरों में घुसकर अनाज खा जाता था। पर पिछले महीने ही बीमारी से मर गया। मैंने उसे जाँचकर रखा था। यदि वह जीवित रहता तो उसे उपन्यास का नायक बनाता। अभागा मर गया और मुझे उलझन में डाल गया।

जित्तन, नायक मीत का साथी है। आदमी में जितने गुणों की कल्पना की जा सकती है, वे सब उसमें हैं। ऐसे पात्र पुराणों में होते हैं। एक तो वह जमींदार का बेटा है। फिर उसके पिता पर मेम न्यौछावर हो गई थी। जिस पर मेमसाब मुग्ध हो जाएँ, वह महान् पुरुष होता है। जित्तन न जाने कहाँ-कहाँ क्रान्ति करने के लिए घूमता रहता है और अन्त में उदास और निराश होकर अपने गाँव लौट आता है। रेणु ने प्रसंग निकाल-निकालकर उसके अलौकिक गुण बतलाये हैं। वह छद्मनाम से स्त्रियों की पत्रिका में स्तम्भ भी लिखता है। उसके सब काम ऐसे चमत्कारिक हैं जैसे हनुमान के। हनुमान भी कभी छोटे और कभी बड़े हो जाते थे। वे पूँछ को चाहे जितनी लम्बी कर सकते थे। ऐसा ही अद्भुत व्यक्ति जित्तन

है। भारत के भूतपूर्व नरेश और जमींदार यदि इस प्रकार उपन्यासों में आना स्वीकार लें, तो साहित्य का कितना भला हो। जित्तन ही एक ऐसा व्यक्ति है, जो हर बार ठीक है। सब गलती करते हैं, पर वह कभी कोई गलती नहीं करता। बस्तर के भूतपूर्व नरेश प्रवीणचन्द्र भंजदेव पर उपन्यास लिखा जा सकता था। पर एक तो बस्तर के रेणु के ध्यान में वह आया नहीं; फिर उसने शादी भी कर ली। बाबूपुरा में एक बरखास्तशुदा सरकारी अफ़सर है। वह घूस के पैसे से ठाठ से रहता है, उसकी स्त्री मर गई है, बेटा आवारा हो गया है और लड़की भाग गई है। यह आदमी भी जित्तन की तरह अकेले ही क्रान्ति करना चाहता है। जब मुहल्ले के लोग इसके साथ हो जाते हैं, तब यह उनसे एकदम दूर हो जाता है और उल्टा काम करने लगता है। इस तरह नायक के साथी या उपनायक की समस्या यह बरखास्त अफ़सर हल कर देता है।

अब ताजमनी की तरह एक प्रेमिका चाहिए जो जीवन-भर पास रह-कर भी दूर रहती है। वह 'पवित्र प्रेम' करती है। 'पवित्र प्रेम' अपनी पिछली दरवाज़े की नैतिकता की एक विशेषता है। एक स्त्री मेरी नज़र में है, पर वह बरखास्त असफ़र साहब से अन्त तक 'पवित्र प्रेम' कर सकेगी, इसमें मुझे शक है।

इसके बाद सब आसान है। इस अंचल के कुछ पक्षियों की बोलियाँ इकट्ठी कर रहा हूँ। जब कोई पक्षी बोलता है, मैं उसके स्वर को लिपिबद्ध कर लेता हूँ। अभी तक इतनी बोलियाँ इकट्ठी की हैं—

कौआ—काँव-काँव

गोरैया—चिरिप-चिरिप

मुर्गी—किड़ी-कों-कों।

इन बोलियों को उपन्यास में जगह-जगह जमा देने से वातावरण बनेगा।

मैं अंचल की स्त्रियों द्वारा गाए जाने वाले लोक-गीत भी चुन रहा हूँ। मुश्किल है कि ये मध्यमवर्गीय स्त्रियाँ सिनेमा के गीत गाती हैं! मैं लोक-प्रिय सिनेमा गीतों की धुनों का पार्श्व-संगीत दूँगा।

आप देखेंगे कि मैंने काफी तैयारी कर ली है। अब मैं यह देख रहा हूँ कि किस राजनैतिक दल का समर्थन मेरे लिए सबसे लाभदायक होगा।

रेणु ने जो गलती की है, वह में नहीं करूँगा। उन्होंने हर दल के नेता की गलतियाँ बताई हैं। इसलिए कोई उनसे पूरी तरह खुश नहीं है। कामरेड मकबूल तक की भूल बताई है। फिर भी 'परती परिकथा' की प्रशंसा प्रगतिवादियों ने सबसे अधिक की है। इतनी उदारता के पात्र रेणु नहीं थे, क्योंकि कामरेड मकबूल को उन्होंने हर बार ठीक नहीं बताया है। रेणु अपने भाग्य को सराहें कि बीसवीं कांग्रेस हो गई। मैं सोचता हूँ कि बूढ़ों ने जो सबसे नया दल, स्वतन्त्र दल, बनाया है, उससे कुछ समझौता करूँ। शीघ्र ही मसानी से पत्र-व्यवहार करके उपन्यास की राजनीति तय करता हूँ।

सबसे बड़ा प्रश्न यह है कि मेरे बरखास्त अफसर साहब का उद्देश्य क्या होगा? इस विषय में 'परती परिकथा' से कोई निर्देश नहीं मिलता। जित्तन बाबू नहीं जानते कि वे क्या करना चाहते हैं। जो भी स्थिति सामने आती है, उसमें वे पराक्रम बताकर अलग हो जाते हैं। अन्त में वे एक नाटक करते हैं। स्वतन्त्र दल की सलाह से मैं अपने उपनायक को स्वतन्त्र उद्योगनीति का योद्धा बनाऊँगा। इस तरह यह उपन्यास आंचलिक कथा-साहित्य में आगे की कड़ी हो जाएगा।

इस सम्बन्ध में आपके कुछ सुझाव हों, तो तुरन्त मुझे लिख भेजें।

आपका

नव आंचलिक

ह० शं० प०

पाँच

प्रिय भाई,

पिछला पत्र छपने से बड़ी गड़बड़ हुई। शिकायतों का ढेर लग गया। एक 'सजग पाठक' (अर्थात् वह विद्यार्थी जिसके पाठ्य-क्रम में पुस्तक-विशेष हो) ने लिखा है—'मालूम होता है, आपने 'परती परिकथा' बिना पढ़े ही स्तम्भ लिख दिया। पढ़ते तो जानते कि जित्तन का कुत्ता मीत 'बॉख-बॉख' बोलता है, 'भौं-भौं' नहीं, जैसा आपने लिखा है। आपके इधर के कुत्ते भौं-भौं करते होंगे। पर आपको जानना चाहिए कि हर अंचल का कुत्ता एक-सा नहीं बोलता। आपने किसी अच्छे समीक्षक की तरह पुस्तक

पढ़े बिना लिख मारा।'

ऐसी चिट्ठियों को तो मैं सह गया पर मुसीबत चिट्ठी से बाहर भी आई। मुझे क्या मालूम कि बाबूपुरा के बाबू लोग भी आपकी पत्रिका पढ़ते हैं। उनका एक प्रतिनिधि-मण्डल परसों आया और बोला—'सुना है, आप हमारे मुहल्ले पर कोई आंचलिक उपन्यास लिख रहे हैं। अगर यह सही है, तो हम आपसे यह माँग करते हैं कि आप यह इरादा त्याग दें।' मैंने उनसे बहस करने की कोशिश की। लोभ दिया कि मैं उनके उपेक्षित मुहल्ले को अमर कर रहा हूँ। भय दिखाया कि इतिहास उन्हें कभी क्षमा नहीं करेगा कि उन्होंने साहित्य की धारा को हठ के बाँध से रोका। वे सब तर्क दिए, जो आंचलिकता के समर्थकों ने पिछले ५-६ सालों में दिए हैं। उन लेखों के लेखकों को यह जानकर दुख होगा कि उन तर्कों का कोई असर नहीं हुआ। प्रतिनिधिमण्डल ने कहा—'सो सब ठीक है। पर हम आंचलिकता के सख्त खिलाफ हैं! या तो आप इरादा छोड़िए या मुहल्ला छोड़िए। अगर आपने हमारे बारे में कुछ लिखा तो आपकी खैर नहीं है।'

बन्धु, उनके भय से मैं भागकर भोपाल आ गया हूँ और एक मित्र के घर में छुपकर पत्र लिख रहा हूँ। अब समझ में आ रहा है कि रेणु पूर्णिमा छोड़ प्रयाग और पटना में क्यों रहते हैं; नागार्जुन 'बाबा बटेसरनाथ' छपने के बाद से कलकता, प्रयाग और बम्बई क्यों भागते फिरते हैं; कृष्णचन्द्र बम्बई में बैठकर काश्मीर की कहानियाँ क्यों लिखते हैं और बस्तर के आंचलिक बम्बई में नौकरी क्यों करने लगे हैं। जिसने जिस अंचल पर लिखा वह उस अंचल से उखड़ा।

यहाँ मित्रों ने समझाया कि हर बड़ा लेखक अपने को बचाकर लिखता है। मकानों की बेहद कमी है। अगर बाबूपुरा के लोगों ने तुम्हें भगा दिया, तो कहाँ रहोगे? भारत में हजारों अंचल हैं। नक्शा उठाकर देख लो। बच्चों की भूगोल की पुस्तक पढ़कर देखो। कितने ही अंचलवासी रोते हैं कि हाय, हमारे सुन्दर अंचल पर किसी ने उपन्यास नहीं लिखा। तुम इनमें से किसी सुदूर अंचल को चुन लो।

मैंने किसी अच्छे लेखक की तरह मित्रों की सलाह मान ली है। बाबूपुरा पर अब मैं नहीं लिखूंगा; क्योंकि अंचल मिल जाते हैं, मकान

नहीं मिलते। मैं किसी सुदूर ग्रामीण अंचल की खोज में हूँ। इसके लिए मैं 'वधू चाहिए' के ढंग पर 'अंचल चाहिए' का विज्ञापन देना चाहता हूँ। विज्ञापन से जब परिणयनिराशों को वर या वधू मिल जाते हैं, तो क्या मुझे महज अंचल न मिलेगा? विज्ञापन नीचे दे रहा हूँ, जिसे निःशुल्क छापें।

अंचल चाहिए

हिन्दी के एक यशःप्रार्थी लेखक को एक ऐसे सुदूर अंचल की आवश्यकता है, जो जबलपुर से २०० मील दूर हो और जहाँ आवागमन के साधन इतने अल्प और दुर्लभ हों कि अंचलवासियों को लेखक तक आने में कम-से-कम एक महीना लगे और समीक्षक तो उसे देखने कभी न पहुँच सकें। ऐसे अंचल के निवासी यदि अपने अंचल पर उपन्यास लिखवाना चाहते हैं, तो अपने यहाँ के कम-से-कम पाँच पंचों से निम्नलिखित प्रश्नों के उत्तर लिखवाकर भिजवाएँ। वही उत्तर विचार के योग्य होंगे, जिन पर वहाँ के तहसीलदार और थानेदार की सही होगी।

प्रश्न : (१) आपके अंचल की भौगोलिक और प्राकृतिक स्थिति कैसी है?

अ. जमीन परती है या उपजाऊ?

आ. नदियों, पहाड़ों और तालाबों के क्या नाम हैं?

इ. बाढ़ आती है या नहीं?

ई. फसल क्या होती है?

(नदियों, पहाड़ों और ग्रामों की स्थिति न लिखी जाए) ये कहाँ हैं, इसे कल्पना से जमा लेने का अधिकार लेखक को होगा।

(२) आबादी कितनी है और किस प्रकार की है?

अ. कितने 'टोले' या 'बाड़े' हैं और उनमें किन जातियों के कितने लोग रहते हैं?

आ. ये जातियाँ आपस में अवश्य लड़ती होंगी। कुछ घटनाएँ लिखिए।

(३) यदि आपका क्षेत्र अंचल है, तो वहाँ मालगुजार तो होंगे ही। किसी एक मालगुजार की लड़की के सम्बन्ध में यह विवरण दीजिए—

अ. अवस्था, वर्ण, फैशन आदि ।

आ. क्या वह किसी से प्यार करती है ।

इ. गाँव के डॉक्टर और शिक्षक से उसके कैसे सम्बन्ध हैं ? उसके बारे में और क्या अफवाहें फैली हैं ?

ई. उसे कौन कवि और चित्रकार पसन्द है ?

उ. उसे रवीन्द्र के कौन-से गीत पसन्द हैं ?

(४) आपके अंचल में नैतिकता की क्या स्थिति है ? कम-से-कम पाँच पतिव्रताओं के अनैतिक सम्बन्धों का विवरण दीजिए ।

(५) आपके अंचल में कौन पक्षी तथा पशु पाए जाते हैं ? (पुलिस को छोड़कर)

अ. उनकी बोलियों को लिपिबद्ध कीजिए ।

आ. हाथी आपके यहाँ पशु माना जाता है या पक्षी ? उसकी चिंघाड़ या चहक की लिपि लिखिए ।

(६) कम-से-कम १० स्त्री और १० पुरुषों के नाम लिखिए ।

(७) आपके यहाँ निम्नलिखित को क्या कहते हैं—

अ. डॉक्टर—डगदर, डाकथर, या दवाई हाकिम ?

आ. पोस्टमैन—चिट्ठीरसा, पुट्टमन, पुट्टटम या कारट वाला ?

इ. माइक्रोफोन—भोंपू, माइफो, मकड़ीफों ?

ई. डेवलपमेंट—डेलमेंट, डबलामेंट, डोलमेंट ?

(८) कम-से-कम पाँच ग्राम-गीत लिखकर भेजिए जिनमें एक होली का तथा एक विदा का हो ।

(९) आपके अंचल में कौन जानवर विशेष रूप से साथ रखा जाता है ? कुत्ता, बिल्ली, बकरा या साँड ?

(१०) क्या आपके अंचल में ईसाई मिशनरी हैं ? पादरी और आदिवासी नारी तथा आदिवासी पुरुष और पादरी की लड़की के प्रेम के पाँच उदाहरण लिखिए ।

(११) अंचल में प्रचलित गालियों के कम-से-कम १० नमूने लिखिए ।

(१२) आपके जागीरदार पर निम्नलिखित व्यक्ति क्या अत्याचार करते हैं ?

ग्रामसेवक, शिक्षक, पटवारी, भूदानी, मण्डलेश्वर, कम्युनिस्ट

नेता।

(१३) आप अपने अंचल में उपन्यास की कितनी प्रतियाँ बिकवाने का जिम्मा लेंगे ?

(१४) क्या आपकी राज्य सरकार पुरस्कार देती है ? और क्या आप लेखक को पुरस्कार दिलवा सकेंगे ?

(१५) क्या आपकी ग्राम-पंचायत लेखक को कुछ भेंट देकर सम्मानित करेगी ?

विशेष सूचनाएँ : कृपा कर अपने अंचल की समस्याओं के बारे में कुछ न लिखें। कल्पना से आपकी समस्याओं का चित्रण करना लेखक का अधिकार है। लेखक भी १५ वर्षों से शहर में रहता है और सब जानता है।

सामाजिक सम्बन्धों का चित्रण लेखक अपनी मेधा से करेगा। इस सम्बन्ध में सुझाव सामान्य होंगे।

चरित्रों का निर्माण लेखक अपने ऊपर से करेगा। उपन्यास का नायक वह सब करेगा, जो लेखक चाहकर भी नहीं कर पाया।

जैसा कि प्रश्न १३ से स्पष्ट है, उसी अंचल पर उपन्यास लिखा जाएगा जो सबसे अधिक प्रतियाँ बिकवाएगा। विभिन्न अंचलों से प्राप्त उत्तरों को पाँच प्रकाशकों के सामने खोला जाएगा और सबसे अधिक प्रतियाँ खपाने वाला अंचल प्रकाशकों के बीच नीलाम किया जाएगा। जो प्रकाशक लेखक को सबसे अधिक रुपये देगा, उसी के लिए लेखक उपन्यास लिखेगा। उपन्यास का आकार प्रकाशक की इच्छानुसार होगा।

प्रश्नों के उत्तर १३ अक्टूबर तक 'कल्पना' के पते पर भेजे जाएँ।

बन्धु, इस विज्ञापन को इसी माह छाप दें, तो मेरा बड़ा उपकार होगा मैं नवम्बर के दूसरे सप्ताह तक उपन्यास लिख डालना चाहता हूँ।

आशा है, सानन्द हैं। 'कल्पना अच्छी निकल रही है। सभी अच्छा लिख रहे हैं। सब रचनाएँ बढ़िया हैं। सम्पादकीय लेख सर्वश्रेष्ठ हैं।

शुभाकांक्षी

ह० शं० प०

पुनश्च (सर्वथा गोपनीय और अछाप्य)

भाई, विज्ञापन ज़रूर छाप देना। ४०० पृष्ठों का उपन्यास लिखना

है। कम-से-कम १०-१२ पृष्ठों की सामग्री तो दिलवा दो। बाकी तो मैं पूरा कर लूंगा।

ह० शं० प०

छः

प्रिय बन्धु,

इधर मेरी एक-दो किताबें छप रही हैं। किताब में कुछ चीजें जरूरी होती हैं—भूमिका, सम्मति और समर्पण। भूमिका मैंने लिख ली; सम्मति के काफी दूर से हाथ जोड़ लिए; पर समर्पण का लोभ नहीं जीत सका। जब पुस्तक लिखी है तो किसी-न-किसी को समर्पित करनी ही चाहिए। असमर्पित पुस्तक का न जाने क्या भविष्य होता है। लोग तो अनुवाद और संकलन तक समर्पित कर देते हैं; मेरी तो मौलिक रचना है : पर समर्पित किसे करूँ और कैसे करूँ।

इस मामले में निर्देश पाने के लिए मैं पुस्तकों की दूकान पर गया और जब विभिन्न प्रकार के समर्पण देखे तो आँखें खुल गईं। हिन्दी में पुस्तकों के समर्पण तो शोध का विषय हैं। पता नहीं, विश्वविद्यालय का ध्यान इस तरफ क्यों नहीं गया ? बन्धु, कोई आचार्य मुझ-जैसे दुर्विनीत की बात क्यों मानेंगे ? मानते, तो बताता कि 'हिन्दी साहित्य में नारी'-जैसे मोटे विषय पर शोध न करवाकर 'पुस्तकों में समर्पण'-जैसे बारीक विषय पर कराओ।

मैंने थोड़ी देर ही पुस्तकें देखीं, और मुझे जो सामग्री मिली, उसे संक्षेप में शोध-छात्रों के हितार्थ इस पत्र में दे रहा हूँ। कृपा करके इसे जैसे का तैसा छापकार हिन्दी शोध-कार्य को आगे बढ़ाने का पुण्य बटोरें।

पुस्तकें दो प्रकार की होती हैं : वे, जो लिखी जाती हैं, और समर्पित की जाती हैं, तथा वे, जो समर्पण के लिए ही लिखी जाती हैं। पहले प्रकार की, 'आदर्शवादी' पुस्तकें कही जा सकती हैं और दूसरे प्रकार की, 'उपयोगितावादी'। इन समर्पण-प्रधान उपयोगितावादी पुस्तकों के समर्पणों का विश्लेषण करने से समस्त जाति की आर्थिक, नैतिक और सामाजिक स्थिति का इतिहास लिखा जा सकता है। एक उदाहरण से बात स्पष्ट हो जाएगी। एक लेखक ने १९४५ से १९५५ तक की अपनी पुस्तकें 'मानव

की दुर्जय शक्ति'-जैसी अमूर्त भावनाओं को समर्पित कीं। १९५६ से उन्होंने किसी राज्य के शिक्षा मन्त्री और प्रकाशन मन्त्री को समर्पित करना शुरू कर दिया। मित्र, अमूर्त से मूर्त तक की यह यात्रा अपने भीतर जीवन के गम्भीर रहस्य छिपाए हुए हैं। इस श्रद्धा-परिवर्तन से स्पष्ट होता है कि भारतीय अर्थ-तन्त्र में ये दस वर्ष गिरावट के थे। इस काल में जनता की क्रय-शक्ति इतनी कम हो गई थी कि वह पुस्तकें नहीं खरीदती थी। लेखकों की आय बहुत गिर गई। उनमें जो दूरदर्शी और व्यवहार पटु थे, उन्होंने मन्त्रियों को पुस्तकें समर्पित कीं, जिसका सुपरिणाम यह हुआ कि पुस्तक की हजारों प्रतियाँ सरकार ने खरीद लीं और लेखक की आर्थिक हालत ठीक हो गई। इस एक समर्पण से पूरे दशक की राजनैतिक, आर्थिक, सामाजिक, नैतिक और आध्यात्मिक दशा का इतिहास लिखा जा सकता है।

सैकड़ों पुस्तकों के समर्पणों का वर्गीकरण मैंने किया है और मेरे मत में समर्पण इतने प्रकार के होते हैं :

१. जीवन-सुधार समर्पण, २. टालू समर्पण, ३. भीरु समर्पण, ४. दीदी-भाभीवादी समर्पण, ५. लक्ष्यहीन समर्पण ६. मज़दूर समर्पण और ७. उचक्का समर्पण।

'जीवन-सुधार समर्पण', जैसा नाम से ही स्पष्ट है, लेखक का जीवन सुधारते हैं। यदि लेखक बेकार है, तो नौकरी दिलाते हैं; नौकरी में है, तो मुस्तकिल कराते हैं; मुस्तकिल हैं; तो तरक्की दिलाते हैं। यही समर्पण पुस्तकों को पाठ्यक्रम में लगवाते हैं। इन्हीं समर्पणों के प्रताप से सरकार इकट्ठी पुस्तकें खरीदती है। ऐसे समर्पण पाने के अधिकारी मन्त्रीगण, उपकुलपति, आकाशवाणी, बड़े नेता आदि होते हैं। एक प्राध्यापक लेखक तरक्की चाहता है। उससे ऊपर दो प्राध्यापक हैं। इन्हें लाँघकर उसे आगे बढ़ना है। वह एक पुस्तक छपाएगा जिसे उपकुलपति या विभागाध्यक्ष को समर्पित करेगा। उसमें कुछ ऐसे फिकरे होंगे—'जिनके आशीर्वाद से मेरी प्रतिभा की आँखें खुलीं—' इस समर्पण से लेखक एकदम आगे बढ़ा दिया जाएगा। इन पुस्तकों का महत्त्व 'विनय पत्रिका' से कम नहीं है। मैंने एक पुस्तक अभी देखी, जो एक मन्त्री महोदय की पत्नी को समर्पित है। मैंने सोचा, और अच्छा होता, यदि लेखक समर्पण के नीचे लिख देता—

कबहुँक अंब अवसर पाइ,

मेरिऔ सुधि द्याइवी कछु करुण कथा चलाइ।

एक विश्वविद्यालय में एक प्राध्यापक को तरक्की दे दी गई। उसके साथी को बुरा लगा। वह तरक्की का हक़दार अपने को समझता था। उसने एक पुस्तक उपकुलपति को समर्पित कर दी। मुझे लगा, उसके नीचे इसे लिखना था—'मैं बैरी सुग्रीव पियारा। कारण कवन नाथ मोहि मारा।'

टालू समर्पण में लेखक सब अधिकारियों को टाल जाता है। समर्पण पाने के कई अधिकारी हैं—मित्र, पत्नी, प्रेमिका (एँ), अफसर आदि। एक को समर्पित करने से उस वर्ग के शेष नाराज़ होते हैं। तब लेखक टालता है—'मित्रों के नाम' या 'जिनसे पथ पर स्नेह मिला—उन्हें' आदि।

पत्नी के नाम किया गया समर्पण 'भीरु समर्पण' है। जब किसी पुस्तक को पत्नी के नाम समर्पित देखता हूँ, तो मेरी आँखों में लेखक की दयनीय मूरत झूल जाती है। यों कुछ लेखक घुमा-फिराकर समर्पित करते हैं—'मेघदूत की प्रथम पंक्ति के द्वितीय शब्द से जिसका नाम ध्वनित होता है—' पर बात छिपती नहीं कि बेचारे ने पत्नी को समर्पित किया है। वे भी बेचारे बड़े भीरु होते हैं, जो प्रेमिका के नाम का केवल पहिला अक्षर लिखकर समर्पित करते हैं—'सु—के नाम!' सुनीता का पूरा नाम लिखने में यह खतरा है कि उसका बाप या भाई लेखक को पीटेगा, इसलिए 'सु—के नाम'। 'सु'—समझ ही जाएगी। शेष से मतलब नहीं। स्थूल से सूक्ष्म की यह यात्रा बड़ी भीरुतासूचक है।

दीदीवाद उतना ही पुराना है जितना दादावाद। कुछ लोग 'पवित्र प्रेम' करते हैं। वे 'दीदी' को पुस्तक समर्पित करते हैं। अब भाभियों को भी समर्पित होने लगी हैं। दीदी और भाभी सगी नहीं होतीं, मुँहबोली होती हैं, क्योंकि 'पवित्र प्रेम' तो इन्हीं से हो सकता है। जो इनकी तस्वीर भी दे देते हैं, वे बड़े दूरदर्शी हैं। चित्र से बिक्री बढ़ती है। ऐसे 'समर्पण' में दुर्घटनाएँ भी हो जाती हैं। एक बड़े लेखक की पुस्तक के पहिले संस्करण में समर्पण था 'बहन अमुक को'। दूसरा संस्करण होने तक 'बहन अमुक' पत्नी हो गईं। लेखक ने आगामी संस्करणों में समर्पण ही निकाल दिया। और एक लेखक ने अपनी पुस्तक 'भाभी' को समर्पित की थी। अब सुना है, वे

भाभी का खाना-खर्चा दे रहे हैं।

लक्ष्यहीन समर्पण वे हैं, जिनसे कोई खुश नहीं होता। ये क्रिकेट में 'वाइड बॉल' (अंग्रेजी हटाओ आन्दोलन के अनुसार—'चौड़ी गेंद') की तरह होते हैं। इनका कोई लक्ष्य नहीं। ये ऐसे होते हैं—'मानव की आस्था के नाम'।

मजबूर समर्पण, पुस्तक छपाने के लिए पैसा देने वाले को किया जाता है। द्विवेदी युग में देशी नरेशों और सेठों को इस तरह कई पुस्तकें समर्पित हुईं। इतिहास साक्षी है। जब कोई लेखक न बिकने वाली पुस्तक लिख लेता है और कोई प्रकाशक उसे छापने को तैयार नहीं होता, तब वह किसी सुनामधन्य सेठ को सिद्ध करता है। उसके पैसे से पुस्तक छपाता है और उसे समर्पित कर देता है। लेखक का ग्रंथ निकल जाता है और सेठ का नाम साहित्य के इतिहास में चला जाता है।

उचक्के समर्पण भी मैंने देखे। नमूना पेश है—'स्वयं को !' 'अपने शत्रुओं को !'

बन्धु, मैं अपने लिए कोई समर्पण का नमूना खोजने गया था, पर वहाँ जाकर शोध करने लगा। विषय बहुत गम्भीर है। सामग्री अथाह है; दो-चार विश्वविद्यालय के शोध विभाग इसमें डूब सकते हैं। जिनके पास विषयों का टोटा है, उन्हीं के हितार्थ हिमालय के संन्यासी की रामबाण बूटी की तरह मैंने इस विषय को विज्ञापित कर दिया। शेष आचार्यों के हाथ है।

सस्नेह

ह० शं० प०

सात

प्रिय बन्धु,

एक माह हो गया। इस बीच महाप्राण निराला ने भी देह त्याग दी। अब हम क्या करें? उस दिन मुझे कुछ सूझ ही नहीं रहा था। तभी एक शोक-सभा में एक नेता ने कहा—'निराला जी जो काम छोड़ गए हैं, उसे हमें पूरा करना है !' मैं बड़ा परेशान कि निराला कौन-सा काम छोड़ गए हैं, जिसे अब ये पूरा करेंगे ! निराला तो कविता लिखते थे, तो क्या ये

दलीय स्तर पर काव्य-रचना करवाएँगे ? एक मित्र ने बतलाया कि इनका मतलब है कि निराला चुनावों के पहले चले गए; हम चुनाव जीतकर उनकी आत्मा को बता देंगे।

उनका मतलब चाहे जो हो, उनके उद्‌गार से मुझे अपने कर्त्तव्यों का ध्यान आया। हम हिन्दी वालों को बहुत काम करने हैं। निराला के निधन से 'महाप्राण' का पद खाली हो गया है। इस पद पर हमें किसी की नियुक्ति करनी है। मामूली तहसीलदार मर जाता है तो चार दिनों में दूसरा तहसीलदार आ जाता है। पर हिन्दी के 'महाप्राण' का पद महीने-भर से खाली है। अन्य भाषाभाषी क्या कहते होंगे ?

सबसे पहले हमें नए 'महाप्राण' की नियुक्ति करनी चाहिए। हिन्दी का कोई अपना 'लोक-सेवा-आयोग' तो है नहीं कि झट आवेदन-पत्र बुलवाकर पद नियुक्ति कर दे इसलिए हिन्दी के प्रकाशक और लेखक मिलकर एक 'महाप्राण-निर्माण-संघ' बनाएँ। फिर किसी प्रतिभावान लेखक को पकड़कर उस पर टूट पड़ें। वह रोए तो उससे कहें कि रो मत, हम तुझे 'महाप्राण' बना रहे हैं। कई पतंगे एक साथ टूट पड़ें तो दीपक बुझ सकता है। हम क्या 'महाप्राण' नहीं बना सकेंगे ? जब सब मिलकर उसे 'महाप्राण' कहेंगे, तब वह आत्मघाती निरपेक्षता अपना लेगा। वह किसी से कुछ नहीं माँगेगा; बाँट देगा। वह रायल्टी का हिसाब नहीं करेगा। वह अधिकार छोड़ता जाएगा और क्रोध करता जाएगा। वह अपना कोई काम नहीं करेगा और हम भी उसका कोई काम नहीं करेंगे। वह पागल हो ही जाएगा और शराब भी पीने लगेगा। तब हम हल्ला मचाएँगे कि हमारा महाप्राण पागल हो गया ! हमारा महाप्राण शराब पीता है। तब हम उसे 'पवित्र' स्थानों से निकालेंगे और वह किसी गन्दी कोठरी में पड़ा मर जाएगा। हम जगह-जगह आत्म-सन्तोष से महाप्राण की कमजोरियों का बखान करेंगे और अपने को परम पवित्र बतलाएँगे।

लेकिन एक आदमी ने मुख से हाल ही में कहा—'अगर ठीक ढंग से, यानी व्यावसायिक ढंग से उपयोग किया जाए, तो 'महाप्राण' का पद बड़े लाभ का है। निराला को तो कुछ नहीं आता था। उससे पद का उपयोग करते ही नहीं बना। अगर तरकीब से काम लेता, तो पैसा पा सकता था, संसद का सदस्य हो सकता था, प्रतिनिधि मण्डलों में विदेश जा सकता था,

सम्मान और इनाम पा सकता था और 'भारत रत्न' तक की उपाधि पा सकता था। अपने स्मारक तक का इन्तजाम कर जाता—मगर निराला से कुछ नहीं बना।

बन्धु, बात पते की है। जब चपरासी से लेकर मन्त्री तक, हर पद के काम हैं, तब 'महाप्राण' का पद लाभहीन क्यों होगा? मुझे बताया गया कि कुछ 'लघुप्राण' योजनाबद्ध तरीके से 'महाप्राण' बनने के प्रयत्न में लगे हैं। सुना है, कुछ सम्पन्न लघुप्राणों ने निराला के आसपास के लोगों को लोभ देकर यह कहलवाना चाहा है कि अन्तिम समय निराला ने हमारा नाम लिया था। इस तरह 'महाप्राण' का खिताब अपने-आप सरककर, उनके पास आ जाएगा। इसके बाद 'लघुप्राण' जी का प्रचार-विभाग काम शुरू कर दे। ऐसे लेख लिखे जाएँ—

निराला ने लघुप्राण जी का नाम रटते-रटते प्राण त्यागे। लघुप्राण ने भी बड़ी तपस्या की है। साहित्य साधना के पथ पर बढ़ते हुए उनके चरण काँटों से क्षत-विक्षत हो गए हैं। घोर विपत्ति में भी वे अविचल रहे। उनके पिता का मासिक खर्च ५ हजार रुपया था, पर लघुप्राण जी सिर्फ एक हजार में महीना काट रहे हैं। इस घोर दारिद्रय में भी वे अबाध गति से शाश्वत साहित्य रचते रहे। अपनी पुस्तकों पर लेख लिखवाने के लिए उन्होंने हजारों रुपये बहा दिए। इस त्याग की विश्व साहित्य में समता नहीं है। 'राम की सत्ता पूजा' नामक काव्य पर भारत के सब पुरस्कार प्राप्त करने के लिए उन्होंने घोर परिश्रम किया। अपने उपन्यास 'किराये का भाट' विश्वविद्यालयों के पाठ्य-क्रम में शामिल कराने के लिए उन्होंने कितने ही आचार्यों की सेवा की। लघुप्राण जी एक अपराजित पौरुष के धनी हैं। वे महात्मा हैं। हिन्दी के सच्चे 'महाप्राण' वही हैं।

बन्धु, ऐसा कोई लघुप्राण अगर 'महाप्राण' बन जाए, तो हिन्दी का भी गौरव बढ़े। उसकी मृत्यु पर प्रधानमन्त्री, मुख्यमन्त्री आदि सब श्रद्धांजलि अर्पित करेंगे। संसद में भी शोक-प्रस्ताव पारित होगा। सरकार खुद उसका स्मारक बनवाएगी। हिन्दी का नाम बढ़ेगा। निराला ने तो हिन्दी का नाम डुबाया। उसकी मृत्यु पर किसी ने कुछ नहीं कहा और कोई कुछ कहे भी क्यों? राष्ट्र को कवि की जरूरत नहीं है; पुलिसमैन की जरूरत है। और फिर निराला न अच्छे कपड़े पहनता था, न अच्छे मकान में रहता

था। उच्च वर्ग को छोड़कर मछुओं और मल्लाहों में बैठता था। कीमती विदेशी शराब नहीं पीता था; ठर्रा पीता था। ऐसे आदमी की मृत्यु पर कोई राजनेता बोल पड़ता, तो राष्ट्र की प्रतिष्ठा धूल में मिल जाती। इसलिए बन्धु, सब मिलकर इस बार ऐसा प्रयत्न करो कि कोई अच्छा आदमी 'महाप्राण' बने।

काम बहुत हैं। अभी तो मुझे निराला की चिट्ठियाँ खोजनी हैं। इन्हें छपाने का मौसम आ गया। (कान में कहूँ : निराला ने मुझे एक भी चिट्ठी नहीं लिखी क्योंकि जब मैं होश में आया, निराला पागल हो चुका था। पर चिट्ठियाँ छपाऊँगा ज़रूर !) इन चिट्ठियों के छपने से लोग यह जान लेंगे कि निराला के मुझसे कितने निकट के सम्बन्ध हैं। मैं देख रहा हूँ कई लोग साहित्य में इसीलिए जी पा रहे हैं कि उनके पास बड़ों की चिट्ठियाँ हैं। जैसे किसी की गुप्त चिट्ठी को लेकर कुछ पीत-पत्रकार 'ब्लैकमेल' करते हैं, उसी तरह का 'ब्लैकमेल' साहित्यिक चिट्ठियों से भी होता है।

बन्धु, निराला का बाजार बढ़ गया। गाँधी जी की मृत्यु के बाद गाँधी जी का बाजार भी बढ़ गया था। लोगों ने रात-भर में गाँधी पर कविता-पुस्तक लिखकर सुबह छपने को दे दी। महान् हास्यास्पद रचनाएँ थीं ये। उपराष्ट्रकवि 'दिनकर' की ये पंक्तियाँ देखिए—

गाँधी की अर्थी नहीं चली
अर्थी यह भारत माता की

राष्ट्र-गौरव के कवि ने जल्दबाजी में भारत माता की ही अर्थी निकाल दी ! उस समय गाँधी का बाजार था। माल जल्दी दूकान पर लाना था। इस समय निराला का बाजार है। कविता तो मुझसे बनती नहीं; संस्मरण अवश्य लिखूँगा। एक संस्मरण के मसौदे में से कुछ टुकड़े दे रहा हूँ, जिनसे निराला की महानता प्रकट होती है—

'...निराला जी मुझे बहुत चाहते थे। मुझसे कभी संकोच नहीं किया। वे आर्थिक कष्ट में रहते थे। और जब ज़रूरत होती थी, मुझसे रुपया माँग लेते थे। मैं पत्र पाते ही उन्हें तुरन्त रुपये भेज देता था। सैकड़ों रुपये मैंने उन्हें भेजे।'

'...वे बेहद विनयी थे। मुझे याद है, जब मैं उनसे पहली बार मिला, तो वे हाथ जोड़कर झुक गए। मैं तो उनकी विनय देखकर दंग रह गया।

मैंने कहा कि आप महान् कवि हैं। आप इस प्रकार क्यों झुकते हैं? उन्होंने सहज भाव से कहा—मैं आपकी महान् प्रतिभा को नमन कर रहा हूँ। ऐसे विनयी थे निराला।'

'···लखनऊ की यह घटना मैं कभी नहीं भूलूंगा। बड़ा भारी सम्मेलन था। निराला नर-नाहर की तरह मंच पर बैठे थे। मुझे भीड़ में देखा, तो एकदम उठे और मेरी ओर बढ़े। सब लोग भौचक कि ये कहाँ जा रहे हैं। मेरे पास आकर, मेरा हाथ पकड़कर बोले—आप यहाँ कैसे खड़े हैं? चलिए मंच पर। मैंने बहुत आनाकानी की पर वे खींचकर ले ही गए और मंच पर अपने पास बिठाया।'

'···वे जब भी कुछ लिखते, मुझे अवश्य बताते थे। मैं जो सुझाव देता, उसे वे एकदम मान लेते थे। 'तुलसीदास' की पाण्डुलिपि उन्होंने मुझे भेजी और लिखा कि इसे ध्यान से देख जाइए और जहाँ गलती हो बताइए। मैंने उसमें कई जगह भूलें बताईं और उन्होंने वे ठीक कर लीं। कितने कवि अपनी भूल सुधारने के लिए इस तरह तैयार रहते हैं।'

बन्धु, कुछ इस तरह के संस्मरण मैं लिखने वाला हूँ। इसकी कोई पकड़ नहीं है। निराला यह कहने तो आएँगे नहीं कि यह झूठ है। इन संस्मरणों से निराला का चाहे जो हो, यह बात तो प्रकट हो ही जाएगी कि उन्हें मैंने रुपये भेजे, वे मेरे सामने झुकते थे, मुझे महान् प्रतिभावान् समझते थे, वे मुझसे अपनी कविताएँ ठीक करवाते थे।

हम लोगों को निराला स्मारक भी बनवाना चाहिए। हमारा देश खण्डहर प्रेमी है। हम खण्डहरों की हिफाज़त लाखों के खर्च से करते हैं क्योंकि उन्हें विदेशी पर्यटकों को दिखाना पड़ता है। इनसे उन्हें भारतीय संस्कृति का ज्ञान होता है। निराला का भारतीय संस्कृति से कोई मतलब नहीं था; पर निराला-स्मारक संस्कृति का प्रतीक होगा। इसीलिए हम कवि की अपेक्षा कवि के स्मारक को अधिक महत्त्व देते हैं। निराला की रक्षा करने की कोई ज़रूरत ही नहीं थी। ज़रूरत है स्मारक बनाने की।

स्मारक निर्माण भी व्यवसाय हो सकता है। स्मारक बनवाने वालों की आर्थिक हालत सुधर जाती है। मरे के नाम पर हमारे देश में काफ़ी धन मिल जाता है। स्मारक निर्माण कराने वाले अगर चतुराई से काम लें, तो स्मारक के साथ उनका अपना मकान भी बन सकता है। मकान

भी निराला स्मारक ही होगा। बन्धु, मुझे भी मकान बनवाना है। मैं बेघर-बार हूँ। अगर मुझे आप लोगों की मदद मिल जाए, तो निराला की स्मृति में मेरी भी हवेली बन जाए। बनाऊँ स्मारक समिति? आप यदि सहायता करेंगे, तो आपका नाम भी कहीं-न-कहीं खुदवा दूँगा। आप अमर हो जाएँगे और इतिहास को भी धोखा दे सकेंगे। जब हम स्मारक बनवाएँगे तो हमें हक होगा कि अपनी कविता खुदवा लें या अपना नाम खुदवा लें।

बन्धु, हिन्दी वालों को बहुत काम करने हैं। हमारी जिम्मेदारियाँ आदमी के मरने के बाद शुरू होती हैं। हम इलाज में पैसा खर्च नहीं करते; उसे श्राद्ध के लिए बचाकर रखते हैं।

निराला के लिए कुछ करना ही चाहिए। वह अगर सरकारी लेखक होता, तो सारा काम सरकार कर देती। उसकी सबसे बड़ी गलती यही तो थी कि वह सरकारी नहीं हुआ।

आपने भी कुछ योजनाएँ बनाई होंगी। मुझे सूचित कीजिए। ऐसे मामले मिलकर अच्छे होते हैं।

आशा है, आप लोग प्रसन्न हैं। (निराला की मृत्यु से नहीं।)

सस्नेह

ह० शं० प०

आठ

प्रिय बन्धु,

पिछले महीने पत्र नहीं लिख सका। यों बन्धुवर रेणु जी के 'उत्साह-वर्द्धक' पत्र के बाद लिखना लाजिमी था। पर मैं बहुत व्यस्त और परेशान रहा। व्यस्त किस काम में था और परेशान क्यों रहा यह समझाऊँगा। मैं अपने राज्य की राजधानी के चक्कर काटने में व्यस्त रहा। आपको यह बात पटेगी नहीं। आप कहेंगे कि राजधानी है, तो वहीं बस जाना लेखक का कर्त्तव्य है। चक्कर क्यों लगाते हो? मैं बसने का सिलसिला ही जमाने का प्रयत्न कर रहा था। जब से सुना कि पंजाब सरकार ने दो 'राजकवि' नियुक्त कर दिए हैं तब से मेरा मन बड़ा चंचल हो उठा है। मैं कोशिश में था कि मेरी राज्य सरकार को भी सुमति आ जाए और वह मुझे 'राजलेखक' नियुक्त कर दे। पर सब व्यर्थ! मेरी राज्य सरकार

बहरी है। उधर पंजाब में 'प्रतापसिंह रासो' की रचना पूरी हो चुकी है और इधर 'राजकवि' की अभी नियुक्ति ही नहीं हुई।

राजधानी से निष्फल श्रम करके लौटा तो मुझे सपने आने लगे। बड़ा परेशान रहा। तरह-तरह के सपने जिनका अर्थ मैं समझ ही नहीं सकता। ऐसी चीज़ें दिखती हैं, जो फ्रायडीय प्रतीकों के भी दायरे में नहीं आतीं। आप बड़े दादा बनते हैं—भला बताइए, सपने में अगर जैनेन्द्र कुमार दिखें तो क्या अर्थ हुआ ? हाँ, एक रात मुझे साक्षात् जैनेन्द्र दिखे। दिखे ही नहीं, मेरी बातचीत भी उनसे हुई। पूरा सपना बताता हूँ। मैं रास्ता भूल गया हूँ। मुझे स्टेशन जाना है। मैं सड़क पर खड़ा हूँ कि कोई मिले, तो उससे स्टेशन का रास्ता पूछ लूँ। इतने में एक छोटे कद का शुभ्र खादीधारी व्यक्ति वहाँ से निकला। मैंने कहा—'ज़रा सुनिए।' वह रुका और उसने मेरी ओर देखा। मैंने पहचाना—अरे, ये तो जेनेन्द्रकुमार हैं ! सोचा कि जो जैनेन्द्र जीव और ब्रह्म का, श्रेय और प्रेय का, अस्ति और नास्ति का, नीति और अनीति का पता बताते हैं, उनसे स्टेशन-जैसी तुच्छ भौतिक वस्तु का पता क्या पूछूं ! मैं हिचकिचाया। वे बोले—'पूछो !' मैंने कह दिया—'मुझे कुछ नहीं पूछना, माफ कीजिए।' वे कहने लगे, 'रोका है तो पूछना होगा। सभी पूछते हैं।' मैंने कहा, 'मुझे कुछ नहीं पूछना।' वे बोले, 'पर मुझे तो उत्तर देना है। अपने लिए नहीं, तो कम-से-कम उत्तर के लिए पूछो। प्रश्न चाहे तुम्हारी मजबूरी न हो; पर उत्तर मेरी मजबूरी है।' जब मैंने देखा कि जैनेन्द्र स्वयं हठ कर रहे हैं तब मैंने सोचा कि स्टेशन का पता पूछ लूँ। इसके पहले निश्चित करने के लिए मैंने कहा, 'माफ कीजिए। आपका नाम जैनेन्द्र कुमार है न ?' उन्होंने क्षितिज पर दृष्टि जमाते हुए कहा, 'नाम ? सो कैसे कहूँ ? नाम गुणवाचक है कि व्यक्तिवाचक ? हाँ, हूँ भी और नहीं भी हूँ। कह दिया जाता हूँ, तो जैनेन्द्र हूँ ! कोई न पुकारे तो नहीं हूँ !' मेरा समाधान नहीं हुआ। मैंने पूछा, 'त्यागपत्र, परख, विवर्त आदि उपन्यास आपने ही लिखे हैं न ?' वे मुसकुराए। कहने लगे, 'लिखे हैं—यह कैसे कहूँ ? हाँ, दो-चार उपन्यास मेरे नाम भी हैं। लिखे गए हैं। न लिखा जाना क्या वश की बात है ?'

मैं बड़ी दुविधा में पड़ा कि स्टेशन का रास्ता पूछूँ या नहीं। आखिर पूछ ही बैठा, 'जैनेन्द्र जी, कृपा कर मुझे स्टेशन का रास्ता बता दें, किस

तरफ है ?' प्रश्न सुनकर वे चिन्तन में डूब गए। अर्धोन्मीलित नयनों से शून्य में देखते रहे। फिर बोले, 'स्टेशन ? हाँ, होगी तो रास्ता भी होगा। स्टेशन हो भी सकती है और नहीं भी। होने का क्या अर्थ ? और नहीं होना क्या ? स्टेशन है—यदि कोई साक्षी है। साक्षी के बिना अस्तित्व कैसा ? मैं किस ओर बताऊँ !' मैं बड़ी उलझन में पड़ गया। घबड़ाकर कहा, 'मुझे सिर्फ यह बतला दीजिए कि इधर पूर्व की ओर है या उधर पश्चिम की तरफ। फिर मैं आगे किसी से पूछ लूंगा।' जैनेन्द्र हँसे। बोले, 'पूर्व और पश्चिम का निर्णायक मैं कौन ? दिशाएँ तो सापेक्ष हैं। पूरब क्यों पूरब है ? पश्चिम के सम्बन्ध से ही पूरब हुआ। ऐसे ही पश्चिम। तो कैसे कहूँ ? दिशाएँ सत्य हैं; स्टेशन यथार्थ है। सत्य के सन्दर्भ में यथार्थ की स्थिति कैसे निश्चित हो ?'

मुझे याद है, इसके बाद मैं चिल्ला उठा था। नींद खुली तो रोशनी करके अपने को अच्छी तरह पहचाना; तब कहीं सो सका।

सपनों की कोई शुमार है ! एक दिन प्रेमचन्द की परम्परा पर बहस करते-करते सो गया। सपने में गोबर आ पहुँचा, होरी का लड़का। अब तो बूढ़ा हो गया है। कहने लगा, 'मेरी परम्परा कहाँ है ? मेरा लड़का कहाँ है ?' मैंने कहा, 'भई, मैं नहीं जानता। जिस चाल में तू रहता है, उधर से मैं एक बार निकला था। मुझे चाल के जीवन पर एक कहानी लिखनी थी। तब तेरा लड़का कारखाने जाता दिखा था। गोबर, तुमने व्यर्थ ही गाँव छोड़ दिया। आज सरपंच बनने का मौका तुम्हें मिल सकता था।' गोबर बोला, 'मेरा एक लड़का गाँव में ही है। मालगुजार ने जो परती जमीन भूदान में दी थी, उसका एक हिस्सा उसे मिल गया है। उसकी परम्परा के बारे में ही मैं तुमसे पूछ रहा हूँ।' मैंने कहा, 'सो मैं कुछ नहीं जानता। मैं गाँवों की तरफ नहीं जाता। शहर में रहता हूँ। प्रेमचन्द की बात अलग थी। अब उनकी परम्परा का बँटवारा हो गया है। अगर गाँव की तरफ जाऊँगा, तो मार्कण्डेय मुझे गिरफ्तार करवा देगा और इधर मोहन राकेश शहर बदल करा देगा। कहीं का न रहूँगा। किसी कसबे में शरण लेना चाहूँगा, तो कमलेश्वर मोटर स्टैंड के गुण्डे पीछे लगा देगा और सड़क के भागे को सत्तावन में से किसी गली में शरण नहीं मिलेगी। अगर तुम्हें अपने गाँव वाले बेटे के विषय में जानना है, तो नागार्जुन, रेणु, मार्कण्डेय या शिव-

प्रसाद सिंह के सपने में जाओ। यहाँ क्यों आए ?'

मुझे क्या मालूम कि गोबर के पीछे खड़े हुए प्रोफेसर मेहता सुन रहे हैं। गोबर को हटाकर वे आगे आए और बोले, 'अगर तुम शहरी हो, तो बताओ कि मेरी परम्परा कहाँ है? मेरा बेटा ?' मैंने हँसकर कहा, 'क्या मज़ाक करते हैं, प्रोफेसर साहब ! आपका बेटा भी था ? आप तो क्वाँरे रहे। डॉक्टर मालती ने आपको टरका दिया था।' मेहता ने कहा, 'मैं अपने मानस-पुत्र के बारे में पूछ रहा हूँ। मेरे उस प्रिय शिष्य के क्या हाल हैं, जिसका मैंने अपने अनुरूप निर्माण किया था ?' मुझे याद आया। कहा, 'हाँ, मेहता साहब, उसे मैं जानता हूँ। वह बड़ा उदास रहता है।' 'उदास क्यों रहता है ?' मेहता परेशान हो गए। मैंने कहा, 'यह मैं भी नहीं जानता। मैंने एक दिन उससे पूछा कि भाई, उदास क्यों रहते हो ? उसने कहा कि मैं बुद्धिजीवी हूँ, इसीलिए उदास हूँ। मेहता साहब, मैं उसकी बात नहीं समझा। और प्रश्न किए, तो उसने सिगरेट के धुएँ के छल्ले बनाए और उन्हें देखता हुआ कहने लगा कि प्रसन्न रहना गँवारी है; उदास रहना बौद्धिकता का लक्षण है।' प्रोफेसर मेहता दुखी हुए। कहने लगे, 'मैंने तो उसे काम करना और खुश रहना सिखाया था।' मैंने कहा, 'मेहता साहब, वह कहता है कि काम करना और खुश रहना पुरानापन है। काम नहीं करना और उदास रहना आधुनिकता है। आपका मानस पुत्र जब शहर में उदासी की सुविधा नहीं पाता, तब पहाड़ों पर उदास रहने के लिए चला जाता है। वह कहता था कि उसके पास पश्चिम से बुद्धिमानों की चिट्ठी आई है कि इधर हम सब उदास हो गए हैं; तुम भी उदास हो जाना। बस, तभी से वह उदास रहने लगा है। उसे आधुनिकता ग्रहण करना है न !' मेहता सन्नाटे में आ गए। बोले, 'यह बात मेरी समझ में नहीं आई। हाँ भई, मैं पुराना आदमी हूँ। अच्छा वह जो बड़े उद्योगपति थे, तनखा साहब; उनके बेटे के क्या हाल हैं ?' मैंने बताया, 'वह कभी-कभी आपके पुत्र के साथ दिखता है। वह कभी-कभी आधुनिक हो जाता है। एक बार हम तीनों भिलाई का इस्पात कारखाना देखने गए। आपका बेटा और मैं तो उस निर्माण को देखकर प्रसन्न हुए पर तनखा का बेटा उदास हो गया। मैंने कारण पूछा, तो आपके बेटे ने बताया कि इसे आधुनिक भाव-बोध हो गया है, मैंने कहा कि कारखाने को देखकर मुझे जो प्रसन्नता हो

रही है, वह क्या आधुनिक भावबोध नहीं है? उसने उत्तर दिया कि आधुनिकता भी कई तरह की होती है। तनखा का लड़का मानता है कि हम जब आधुनिक होंगे, तब विदेशी पूँजीवाद चला जाएगा और भारतीय पूँजीवाद विकसित होगा, व्यक्तिगत उद्योग चलेंगे, व्यक्ति स्वतन्त्र होगा। उसकी यही आधुनिकता है। जब यहाँ वह सार्वजनिक उद्योग फलते-फूलते देखता है, तब उदास हो जाता है। यही उसका आधुनिक भाव-बोध है। आप भी आधुनिक हैं; वह भी आधुनिक है। पर दोनों की आधुनिकता के अलग-अलग अर्थ हैं। मेरी आधुनिकता आप दोनों से भिन्न है।'

मेहता को यह सब बातें समझ में नहीं आईं। वे कुछ बड़बड़ाते हुए चले गए।

बन्धु, इस-इस तरह के साहित्यिक सपने आते हैं, जिनसे परेशान हूँ। ऐसे में स्तम्भ कैसे लिखा जाए?

और क्या हाल हैं?

सस्नेह
ह० शं० प०

नौ

प्रिय बन्धु

इधर हिन्दी-शोध पर बहुत चर्चा हो रही है। 'कल्पना' में ही सालेक पहले श्री स० ही० वात्स्यायन ('अज्ञेय' जी का गद्य-नाम) ने लिखा था कि शोध अलग चीज़ है और हिन्दी-शोध अलग। जैसे कई लोगों की नज़रों में कविता अलग चीज़ है और नई कविता अलग। और अब, जल्दी ही, कहानी से नई कहानी अलग हो रही है।

शोध का बड़ा हल्ला है। साहित्य के डाक्टरों, कम्पाउण्डरों, नर्सों और मलहम-पट्टी करने वालों का क्रम लगा है। ऐसे में, जो शोध न करे वह अभागा। अभागा होने से बचने के लिए ही मैंने भी किसी विषय पर शोध करने का इरादा एक मित्र पर प्रकट किया, तो उसने पूछा, 'तुम्हारी दादी हैं?' मैंने कहा कि वह तो बहुत पहले सिधार गईं। उसने कहा, 'तुम सच-मुच अभागे हो, दादी होतीं तो तुम 'आंचलिक शोध' कर सकते थे।' मैं उसकी बात समझा नहीं। आंचलिक कथा से तो मेरा परिचय है, पर

हिन्दी में 'आंचलिक शोध' भी होती है, यह मैं नहीं जानता था। मेरे भले मित्र ने समझाया, 'आंचलिक शोध यों होती है—अपनी दादी के पास बैठकर उनके अंचल के १०० गीत लिख लो। उनका वर्गीकरण कर दो—विवाह के गीत, गौने के, फाग के, धान कूटने के आदि। फिर हर गीत पर टिप्पणी लिख दो। आरम्भ में एक लम्बा 'प्राक्कथन' लिखकर इस शोध-प्रबन्ध को उसी तरह रख दो जिस तरह तुलसीदास ने रामचरितमानस की पाण्डुलिपि हनुमान जी के हस्ताक्षर के लिए रख दी थी। अगर तुम्हारी भक्ति सच्ची है तो कोई आराध्य आचार्य रात को आकर पोथी पर हस्ताक्षर कर जाएँगे! बस, तुम्हारा प्रबन्ध हिन्दी भाषी उसी तरह गले लगा लेंगे जिस तरह हनुमान की मंजूरी के बाद रामचरितमानस को शीश पर चढ़ाया है। 'डाक्टरी' तो तुम्हें यों ही मिल जाती। पर तुम्हारी दादी ही नहीं हैं।' मुझे इस नुस्खे की जानकारी नहीं थी। मैं बहुत पछताया। प्रार्थना की कि हे भगवान्, किसी भी हिन्दी के एम० ए० की दादी उसे पी-एच० डी० मिलने के पहले न मरे।

मित्र, पछताने से क्या होता है! मैंने दूसरा विषय चुना—'छायावादी काव्य में नारी'। यह विषय इसलिए चुना कि मुझे 'प्रसाद' की दो पंक्तियाँ याद हैं—'नारी तुम केवल श्रद्धा हो, विश्वास-रजत-नग पगतल में!' विषय तय करके मैंने छायावादी काव्य-ग्रन्थ उठाये और उन पंक्तियों को रेखांकित करने लगा, जिनमें नारी, स्त्री, कामिनी, शुभे, सुभगे, शुभदे, रूपसि, प्रेयसि, सजनी, सखि, प्रिये, सुन्दरी आदि में से कोई शब्द आया हो। तभी मेरा एक अन्य मित्र आया जिसे शोध का अनुभव है। उसने कहा, 'यह क्या कर रहे हो?' मैंने कहा, 'क्यों? छायावादी काव्य में नारी को खोज रहा हूँ।' उसने तरस खाया। बोला, 'ऐसे शोध कार्य नहीं होता। तुम्हें तो शोध का अ आ नहीं मालूम। मेरे भाई, तुम्हें छायावादी काव्य में नारी की शोध नहीं करना है। शोध दूसरे विषयों की होती है, पर डिग्री अन्त में इसी विषय पर मिल जाएगी।' मैं चकरा गया! आखिर वे कौन-सी चीज़ें हैं, जिनकी शोध होगी और इस विषय में पी-एच० डी० मिल जाएगी? मैंने शस्त्र समर्पण कर दिया। तब मेरे अनुभवी मित्र ने मेरे शोध-कार्य की रूपरेखा बना दी, जो शोधोत्सुक छात्रों के लाभार्थ यहाँ दे रहा हूँ—

विषय—छायावादी काव्य में नारी—

शोध-कार्य की रूपरेखा—

आरम्भिक—(अ) ऐसे आचार्य की शोध करना जो किसी विषय का विशेषज्ञ न हो, पर जिसके सम्बन्ध अन्य विश्वविद्यालयों में ऐसे हों कि डिग्री दिला दे। (विशेषज्ञ से दूर रहना क्योंकि वह कष्ट देता है।) (आ) ऐसे आचार्य को निर्देशक के रूप में प्राप्त करना।

शोध-प्रक्रिया—

प्रथम चरण—आचार्य की रुचियों की शोध—वे सब्जी कौन-सी पसन्द करते हैं, लौकी या बैंगन? वस्त्र कौन-से धारण करते हैं? पान कौन-सा खाते हैं? तम्बाकू कौन-सी? मनोरंजन का माध्यम—सिनेमा, संगीत, नाटक, निन्दा या मिथ्याभाषण?

द्वितीय चरण—आचार्या तथा आचार्य-सन्तति की रुचियों की शोध।

विशेष—आचार्या की ईर्ष्या-पात्रा नारियों के चरित्रों की शोध।

तृतीय चरण—आचार्य के साहित्यिक और गैर-साहित्यिक शत्रुओं की तालिका बनाना और हर एक की व्यक्तिगत कमजोरियों की शोध करना—जहाँ कमजोरियाँ न मिलें, वहाँ अपनी प्रतिभा का उपयोग करके कमी को पूरी करना।

चतुर्थ चरण—उपरिलिखित शत्रुओं की हानि करने के साधनों की खोज। इस बात पर ध्यान रखना कि कहाँ किसका हित-साधन हो रहा है। उसमें यथाशक्य बाधक होना।

पंचम चरण—आचार्य की साहित्य-सम्बन्धी मान्यताओं की शोध करना (यदि हों तो) और उनके मुख से झरने वाले निर्णयात्मक वाक्यों को मन्त्री की तरह रट लेना, जैसे—'प्रेमचन्द प्रचारक है!' 'यशपाल नारेबाज है।' 'उग्र गन्दा है!' 'नया साहित्य कचरा है!'

'नयी कविता—हुश्ट!'

षष्ठ चरण—आचार्य की महत्त्वाकांक्षाओं की शोध करना जैसे (क) पद-सम्बन्धी, (ख) सम्मान-अभिनन्दन सम्बन्धी, (ग) प्रशस्ति-श्रवण, (घ) अपने ऊपर पुस्तक लिखवाना आदि।

सप्तम चरण—आचार्य की सेवाओं के प्रकारों की शोध (कहा है—सेवा से मेवा मिलती है); सेवाओं के प्रकार; यथा, ज़रूरतें पुरी करना, बाजार से खरीदा आम बनारस से लाया बताना, पान खिलाना, बच्चों को

नाटक दिखाना, सौदा-सुलुफ कर देना, प्रशंसा-लेख लिखना, फोटो खिचवाना आदि।

शोध-प्रक्रिया को इस तरह सात चरणों में बाँटकर उसने रूपरेखा तैयार कर दी और कहा, 'अब इस रूपरेखा के अनुसार कार्य करो। कार्य क्या करना है, यह रूपरेखा से ही स्पष्ट हो जाता है। जैसे प्रथम चरण के अन्तर्गत तुम्हारा कार्य होगा, आचार्य के घर में लौकी पहुँचाना, उनके लिए डिब्बे में पान लिए रहना, उनके शत्रुओं की निन्दा करते रहना (अपने मित्र हों तो भी क्योंकि शोध पतिव्रत-धर्म है); षष्ठ चरण के अन्तर्गत आचार्य के सम्बन्ध में लेख लिखना, उनकी ओर से पुस्तक लिख देना, उनके सम्मान का सिलसिला जमाना, उनकी तसवीर छपाना आदि कार्य होंगे।'

मैंने कहा, 'जब यह शोध-कार्य पूरा हो जाएगा, तब डिग्री किस विषय पर मिलेगी?'

उसने कहा, 'क्यों, जो विषय तुम्हारा है, उसी पर मिलेगी याने 'छायावादी काव्य में नारी' पर।'

बन्धु, रूपरेखा तैयार है। इस पर कार्य करने का साहस जुटा रहा हूँ। अभी आचार्य के प्रति निष्ठा जागृत करने में लगा हूँ। रोज पाठ करता हूँ—'नाते सकल, राम तें मनियत सेवक सेव्य जहाँ लौं!'

और सब ठीक ही है।

सस्नेह

ह० शं० प०

पुनश्च (गोपनीय)

बन्धु, जैसा कि आप समझ गए होंगे, यह सब मैंने ईर्ष्या से प्रेरित होकर लिखा है। अभी तक मैं पी-एच० डी० नहीं हुआ इसलिए ईर्ष्या-ग्रस्त हो गया हूँ। पर यह बात अपने तक ही रखना।

ह० शं० प०

दस

प्रिय बन्धु,

दुनिया के आकाश और भारत के साहित्याकाश, दोनों में एक साथ

हलचल मच गई। उधर क्रिसमस द्वीप पर बम विस्फोट हुआ; इधर दिल्ली में एक लाख के इनाम की घोषणा हुई। दोनों विस्फोट एक साथ हुए—पता नहीं किसने किसके साथ समय साधा ! भारतीय लेखक की हालत अजीब हो गई है। अदना-से-अदना लेखक के चेहरे पर मुझे एक लाख का चैक चिपका दिखता है।

भारी हलचल है। पुरस्कार के पक्ष में और विपक्ष में लोग बोल और लिख रहे हैं; 'जय' और 'धिक्' के नारों से आसमान ऐसा भर गया है कि प्रेमीजनों को रेडियो सीलोन के गाने सुनने में कठिनाई पड़ रही है। लोग मुझसे कहते हैं कि तुम इस पर कुछ क्यों नहीं बोलते। मैं कहता हूँ, मैं चुप हूँ। मैं चुप हूँ क्योंकि मुझे इनाम चाहिए। जिसे इनाम चाहिए, वह चुप ही रहेगा। जो इनाम की आलोचना कर रहे हैं, वे अपना भविष्य बिगाड़ रहे हैं। उन्हें इनाम नहीं मिलेगा। जो जय बोल रहे हैं, उन्हें भी नहीं मिलेगा क्योंकि इनामदाता जानते हैं कि ये 'लॉटरी' और वर्ग-पहेली के इनामों की भी इसी तरह जय बोलते हैं। इनाम उन्हें मिलेगा, जो चुप हैं। शीतयुद्ध में तटस्थ देशों को लाभ मिलता है; भिलाई और रूरकेला दोनों हाथ आते हैं। इसीलिए हम चुप हैं। हमें यह इनाम लेना ही है।

मेरे सामने प्रश्न यह है कि यह इनाम कैसे मिलेगा। घोषणा को ध्यान से पढ़ने पर मेरे हाथ 'कला की दृष्टि से' शब्द पड़े। यही योजना की पकड़ है। विशुद्ध कला की दृष्टि से जो ग्रंथ श्रेष्ठ होगा, उसी पर इनाम मिलेगा। आप जानते हैं कि हर कला, विकसित होते-होते 'कलाबाज़ी' हो जाती है। इसलिए जो आगे देखता है, जो भविष्य-द्रष्टा है, वह कला को छोड़कर 'कलाबाज़ी' पर ध्यान देता है। जो लोग इनाम के पक्ष-विपक्ष में बोल रहे हैं, वे 'कला' को दृष्टि में रखकर सोच रहे हैं। वे भूल रहे हैं कि साहित्य-रचना कला की सीमा से आगे बढ़कर 'कलाबाज़ी' तक पहुँच गई है। जो कला में अटके रहेंगे, उनका भविष्य बिगड़ेगा।

मैं जब स्कूल में पढ़ता था, तब हर साल किसी लड़के को सर्वोत्तम आचरण पर इनाम मिलता था। इनाम का निर्णय हैडमास्टर साहब, ड्रिल मास्टर की सलाह से करते थे। सर्वविदित है कि स्कूलों में लड़कों के आचरण पर नज़र रखने की जिम्मेदारी ड्रिल मास्टर पर होती है। जिन लड़कों को इनाम पाना होता, वे इन दोनों की निगाह में अच्छे लड़के बनने का प्रयत्न

करते थे। वे दिन में दस बार हैडमास्टर को 'नमस्ते सर !' कहते थे। जहाँ कहीं हैडमास्टर दिख जाते, एकदम झुककर 'नमस्ते सर !' छोटी छुट्टी में, बड़ी छुट्टी में, स्कूल बन्द होने पर, खेल के मैदान में हर बार 'नमस्ते सर' कहते थे। इसी तरह ड्रिल मास्टर को खुश करते थे। बड़े मान से कवायद करते, उनका हर काम करने को तयार रहते, उनके लिए पास के बगीचे से अमरूद तोड़कर ले आते। साल के अन्त में अच्छे आचरण के लड़के का नाम घोषित होता और वह इनाम पा जाता। कभी ऐसा भी होता कि जो अपने को सबसे अच्छा लड़का सिद्ध करता, उसे न मिलकर इनाम दूसरे को मिल जाता क्योंकि यह दूसरा लड़का स्कूल कमेटी के किसी सदस्य का कोई होता। मगर एक बात विचित्र होती—जिसे इनाम मिलता, वह लड़कों के बीच में बहुत निकम्मा और सत्त्वहीन माना जाता। साल-भर इनाम लेने की कोशिश में वह ऐसी 'कलाबाज़ियाँ' करता कि जब उसे इनाम मिलता तो हमें लगता एक हममें से सबसे निकम्मे, दब्बू और व्यक्तित्वहीन लड़के को चुन लिया गया। फिर भी कोशिश होती ही थी क्योंकि इनाम बड़ी चीज़ है।

बन्धु, स्कूल की सीखी बातें जीवन-भर काम आती हैं। इनाम पाने की इस तरकीब के उपयोग करने का अब मौका आया है। हैडमास्टर को 'नमस्ते सर' का सिलसिला जमाता हूँ। ड्रिल मास्टर को खुश करने के प्रयत्न भी करूँगा। लोगों ने घोषणा के बाद जैसा वातावरण बना दिया है, उसमें कई लोग कोशिश करने में झेंपेंगे। जो साहस से काम लेगा, उसे इनाम मिल जाएगा।

बन्धु, लोग अटकलें लगाने लगे हैं—अमुक को मिलेगा, अमुक प्रकार के साहित्य को मिलेगा, अमुक विचारधारा वालों को मिलेगा। उधर से जवाब आता है कि निर्णय निष्पक्ष होगा। मैं कहता हूँ, इस मामले में हमें नाई की शिक्षा ग्रहण करनी चाहिए। नाई रे नाई, मेरे सिर में कितने बाल? नाई ने निहायत संजीदगी से कहा—'अभी सामने आए जाते हैं !' पहला इनाम साल-भर में मिल ही जाएगा। उसी से पता लग जाएगा। और मान भी लिया जाए कि पक्षपात होगा, तो क्या गलत होगा? कोई पैसा भी दे गाँठ से और आप उसे बताएँ भी कि अमुक को दे दो! कोई सार्वजनिक चन्दे का पैसा तो है नहीं।

बन्धु, भारतीय लेखक, विशेषकर हिन्दी लेखक विचित्र होता है। वह सर से कफन बाँधे रहता है। इसे पैसा नहीं दो तो शिकायत करता है कि लेखक को कुछ नहीं मिलता। और पैसा देने लगो, तो दूर भागता है। पैसे की कीमत ही नहीं समझता वह। घोषणा-पत्र में इसी नासमझी को ध्यान में रखकर समझाया गया है कि हे लेखक, तुझे पाठक मिलने से उतनी खुशी नहीं होती, जितनी पैसा मिलने से। इतना साफ समझाने पर भी कोई न समझे तो वह अभागा है। भई, हम तो हैडमास्टर को 'नमस्ते सर' कहेंगे।

सस्नेह

ह० शं० प०

ग्यारह

प्रिय बन्धु,

एक लम्बे अरसे से मैंने पत्र नहीं लिखा। इस बीच बड़ी-बड़ी घटनाएँ घट गईं। मेरे जीवन में वह महान् क्षण आया, जो ज़िन्दगी में एक-दो बार ही आता है। बहुतों की ज़िन्दगी में यह इतनी देर से आता है कि इसमें और पिण्ड-दान में कोई अन्तर नहीं रह जाता। क्या आपका वह क्षण आ चुका? यानी क्या कभी आपसे लोगों ने आपकी जन्मतिथि पूछी?

गलतफहमी की भूमिका तैयार हो गई न! नहीं, वह बात नहीं हुई। हुआ यह कि एक दिन मेरे पास २-३ नव तरुण आए; बिलकुल ताजा, रवे। आते ही मुझसे पूछा, 'आपकी जन्म-तिथि क्या है?' अब मैं इस अप्रत्याशित प्रश्न से अचकचा गया। आप जानते हैं कि जन्म-तिथि पूछने के कई प्रयोजन हैं, जिनमें एकाध बहुत भयावह है। एक आयु तक यह प्रश्न बड़ा मीठा लगता है; इसके बाद पूछने वाले को गाली देने का मन होता है। मैं बड़ी उलझन में पड़ा। आखिर यह क्यों पूछते हैं? इन्हें कौन-सी तारीख बता दूँ? आप जानते हैं कि प्राचीन ऋषियों से लेकर बाबूगिरी के आधुनिक उम्मीदवार तक किसी ने अपनी सही जन्म-तिथि नहीं बतलाई। विश्वामित्र तक ने मेनका से अपनी सही उम्र छिपाई थी। मैंने नवयुवकों से पूछा, 'आखिर बात क्या है? क्या काम आ गया मेरी जन्म-तिथि से?' उनमें से एक जो सबसे अधिक विनयशील था, बोला, 'जी, बात यह है कि आपको भी लिखते १२-१३ साल तो हो ही गए। आप भी अब सयाने हो रहे हैं।

आप कुछ न कहें, पर हम लोग अपना कर्त्तव्य जानते हैं और निभाना भी चाहते हैं।'

बन्धु, जब मैंने इस संकेत को समझा तब सुख-विह्वल हो गया। वे लोग मेरा जन्म-दिन मनाना चाहते थे; मेरा सम्मान करना चाहते थे। क्यों ऐसा करना चाहते थे? क्योंकि मुझे १२-१३ साल लिखते हो गए थे और मैं ४० के पास आ लगा हूँ। यह वह अवस्था है, जब लेखक, पाठ्य-पुस्तकों में आ जाता है और मदरसे में प्रतिष्ठा पा जाता है। जिसका मदरसे में प्रवेश हो जाए, वह लेखक बड़ा हो जाता है। उसका सम्मान होना ही चाहिए। इधर मेरी एक-दो चीजें पाठ्य-पुस्तकों में संकलित हो गई हैं, जिन्हें उन लड़कों ने पढ़ा। उन्होंने मेरे प्रति अपने कर्त्तव्यों को समझा होगा।

'आपको भी तो लिखते १२-१३ साल ही हो गए हैं!'—सोचता हूँ अगर १२-१३ साल चोरी करते हो जाते तब भी, क्या ये लड़के आते और कहते, आपको भी चोरी करते १२-१३ साल हो गए! आप कुछ न कहें, पर हम तो अपना कर्त्तव्य समझते हैं! अपनी जन्म-तिथि बता दीजिए!' वे तब भी आते, भारत में सब कुछ उम्र के मुताबिक मिलता जाता है। उम्र पर शादी होती है, उम्र पर बच्चे होते हैं। अगर आदमी ऐसा हुआ जिसका साहित्य, राजनीति, जनसेवा या दूकान के माध्यम से जनता से सम्पर्क रहा तो ज्यों ही वह साठ पर पहुँचा कि लोगों ने उसका अभिनन्दन किया। कोई पूछे—क्यों भाई, अभिनन्दन क्यों कर रहे हो? इन्होंने ऐसा क्या किया? कुछ नहीं साहब, साठ के हो गए हैं। यही बड़ा पराक्रम है! अभिनन्दन करके उसे छोड़ देते हैं कि अब तुम्हारी मर्जी पर है कि किस दिन दुनिया छोड़ो।

एक बार एक नेता के अभिनन्दन के लिए जो अपील निकली, उसमें लिखा था—'अमुक जी ७० वर्ष के हो गए। इधर उनका स्वास्थ्य भी बहुत गिरता जा रहा है। इसलिए हमारा कर्त्तव्य है कि अविलम्ब उनका अभिनन्दन समारोह आयोजित करें।' इसका खुला अर्थ यह हुआ कि भाइयो, जिस मौके का हम इन्तज़ार कर रहे थे, वह आ पहुँचा। अमुक जी की चलाचली की बेला आ पहुँची। उनके देह-त्याग के पहले उनका अभिनन्दन कर डालें, जिससे उनकी आत्मा की छटपटाहट बन्द हो। यों कुछ लोग

कहते हैं कि धन और सम्मान मौत के इतने पास न मिलकर पहले मिल जाए, तो जीवन कुछ और लम्बा और उपयोगी हो जाए। पर इसमें झंझट है। किसे दें और किसे न दें—इस पर झगड़े खड़े होंगे। उम्र का सूत्र सीधा है। उम्र एक सर्वमान्य उपलब्धि है। उसकी इज़्ज़त में किसी की आपत्ति नहीं।

मैं एक वयोवृद्ध साहित्यकार पर कभी-कभी व्यंग्य कर देता हूँ। मुझसे कुछ लोगों ने कहा कि ऐसा नहीं करना चाहिए। मैंने समझाया कि वे ऐसे-ऐसे पाखण्ड खड़े करते हैं, उनके कर्म ऐसे हैं। तो उन नीतिवानों ने जवाब दिया, 'कुछ भी हो। आखिर वे वयोवृद्ध हैं!' जरा इस नीति पर गौर करो, बन्धु! कर्म को मत देखो, उम्र देखो। इतना सुलझा हुआ सिद्धान्त, मानव समाज में कैसे चलता है, जिसका हर सिद्धान्त उलझा हुआ है।

मुझे याद आता है—हम स्कूल में पढ़ते थे तब मुहल्ले में एक बूढ़े लालाजी भैया रहते थे। वे समय काटने के लिए स्कूल के बच्चों को बुलाकर उनके साथ पत्ते खेलते थे। यों उनके विषय में सभी कहते थे कि वे बहुत निकृष्ट आदमी हैं—शराब पीते हैं, जुआ खेलते हैं, आदि। उन्होंने हमें दाँव लगाकर पत्ते खेलना सिखाया। वे हमें बराबर पैसे दे देते और दाँव लगवाते। खेल खत्म होने पर वे पैसे ले लेते। इस तरह हार-जीत का आर्थिक पक्ष गायब हो जाता। जुए की प्राथमिक शिक्षा उन्हीं से हम लोगों को मिली। उन्होंने हमें ऐसी उच्च कोटि की गालियाँ भी सिखाईं जैसी पुलिस के ज्ञान-कोश में भी नहीं होतीं। एक दिन उनका 'हृदय असफल' (हार्टफेल) हो गया और वे देवताओं के बच्चों को जुआ सिखाने स्वर्ग बुला लिए गए। हाँ, खास बात तो भूल ही गया। एक बार मुहल्ले में किसी प्रसंग में एक समिति बनी और सबने एक मत से लालाजी भैया को उसका अध्यक्ष बनाया। हम बच्चों को बड़ा आश्चर्य हुआ। हमने अपने अभिभावकों से पूछा कि इतने बुरे आदमी को आप लोगों ने यह सम्मान का पद क्यों दे दिया? हमें जवाब मिला, 'कुछ भी हो, वे वयोवृद्ध हैं।' उसी छोटी उम्र से मेरे मन में उम्र के प्रति श्रद्धा पैदा हो गई और कर्म का स्थान दूसरा हो गया। अब किसी बूढ़े शराबी को देखता हूँ तो उसके प्रति युवक सदाचारी से अधिक आदर पैदा होता है। कुछ भी हो, वह वयोवृद्ध है। अगर कोई वृद्ध आपको पत्थर मारे और आप उसको रोकें तो दो-चार नीतिवान

आपको घेरकर कहेंगे, 'उन्हें कुछ मत कहो।' आप कहेंगे, 'पर वह मुझे पत्थर जो मार रहा है।' नीतिवान कहेंगे, 'कुछ भी करें, वे वयोवृद्ध हैं।'

पिछले सालों में कुछ वयोवृद्धों ने तमाम नए साहित्य को कचरा कहने का धन्धा उठाया तो नए लेखकों ने उन पर जवाबी हमला बोल दिया। तब कुछ नीतिवानों ने सलाह दी, 'उन लोगों से कुछ मत कहो; वे वयोवृद्ध हैं।' पौधों को यह हक नहीं है कि वे अपने ऊपर छाये वटवृक्ष का प्रतिरोध करें। उन्हें उससे कहना चाहिए, 'हे वयोवृद्ध, तुम चाहे हमें न पनपने दो, पर हम तुम्हारा आदर करेंगे। तुम कुछ भी करो; तुम वयोवृद्ध हो। तुम्हारी सबसे बड़ी उपलब्धि यह है कि तुमने जन्म लेने के लिए हमसे पहले का समय चुना।'

बन्धु, उम्र का क्या अर्थ है? अनुभवों का भण्डार और कर्मों का समाहार। इन्हीं का आदर हम करते हैं। ज़िन्दगी-भर घूस लेकर 'रिटायर' हुए वयोवृद्ध को जब हम सम्मान देते हैं तब यही कहते हैं, 'हे वयोवृद्ध, हम आपके जीवनव्यापी घूसखोरी के अनुभवों को प्रणाम करते हैं। कुकर्मों का जो ढेर आपने लगाया है, उसका हम आदर करते हैं।'

आपको क्या यह नहीं लगता कि डाकू मानसिंह के प्रति अन्याय हो गया? मुझे तो कसकता है। डाकू मानसिंह को पुलिस ने ८० वर्ष की अवस्था में मार डाला। यह नीति-विरुद्ध हुआ। धर्म और संस्कृति के रक्षक जो राजनैतिक दल हैं, उन्हें इसके विरुद्ध आन्दोलन करना था। वे भी कर्त्तव्य भूल गए। उचित यह होता है कि मानसिंह के पास पुलिस का एक प्रतिनिधि मण्डल जाता और कहता, 'दस्युराज, आप वयोवृद्ध हैं। आप १०-१५ डाके और डालिए।'

बन्धु, जब से वे लड़के आए, मेरा विश्वास और दृढ़ हो गया। सब उम्र से होगा—'समय पाय तरुवर फरें केतिक सींचौ नीर!'

कर्म से क्या होता है? अगर मैं आगामी २०-२२ वर्ष तक दूसरों की रचनाएँ चुराकर अपने नाम से छपाऊँ तो भी साठ साल पूरे होते-होते, ये लड़के (जो तब प्रौढ़ होंगे) फिर मेरे पास आएँगे और कहेंगे, 'आपने चाहे २० वर्षों में सिर्फ साहित्यिक चोरी की हो, पर अब आप साठ के हो गए। चलिए, आपका अभिनन्दन करें।'

मित्र, अगर वयोवृद्ध गण इसे पढ़कर नाराज़ हों तो उन्हें समझाना

कि यह सब उनके पक्ष में ही लिखा है। अपना भी यही पक्ष है। सब अपना भविष्य बनाते हैं।

और क्या हाल है? सम्पादक-मण्डल के एकमात्र क्वाँरे (राजा दुबे) के विवाह के उपलक्ष्य में 'कल्पना' को नियमित कर डालो।

सस्नेह

ह० शं० प०

बारह

प्रिय बन्धु,

उस दिन जब अखबार में पढ़ा कि आपके शहर में एक बेचारा गरीब आदमी रहता है, तो आप सब लोगों के प्रति सहानुभूति से मन भर गया। उस गरीब आदमी की करुण कथा से दुष्ट चीनियों के कठोर दिल भी पानी-पानी हो जाएँगे।

चीनी आक्रमण के बाद से अब तक, अजीब चीजें देख रहा हूँ। अमीर गरीब हो गए और गरीब अमीरों-जैसा व्यवहार करने लगे। मज़दूरनी ने कान की बाली उतारकर दे दी और सेठानी ने हार देखकर कहा कि हाय, यह नहीं रहा, तो जिन्दा कैसे रहेंगी। जिसे नीचा समझते थे वह ऊँचा हो गया और जिसे ऊँचा समझ रहे थे, वह जाने कैसे सिकुड़कर बालिश्त-भर का हो गया। जनता एकदम एक होकर, बलिदान की भावना से तनकर खड़ी हो गई। मगर नेता और सिकुड़ गया। पहले जनता ऊँचा मुँह बनाकर के नेता की बात सुनती थी; अब जनता को नीचा मुँह करके नेता को देखना पड़ता है।

बन्धु, अवसर को पकड़ना बड़ी भारी विद्या है। द्वितीय महायुद्ध में 'बने' बूढ़े सेठ ने बेटे से कहा, 'बेटा, मैं उस लड़ाई में बना था; तू इस लड़ाई में बन जाना।' बेटा योजना बनाने लगा। पैसे वालों ने जब देखा कि 'राष्ट्रीय सुरक्षा कोष' के नाम से फिर हमारे पैसे पर संकट आया तो वे जगह-जगह खुद माँगने वाले हो गए—यानी राष्ट्रीय सुरक्षा समितियों में घुस गए। जो माँगने वाला है, वह या तो देने से बच जाता है या कम देकर छूट जाता है। जिनसे भारी रकम लेनी थी, जब वे ही याचक बनकर माँगने निकल पड़े, तो अपने वर्ग के आर्थिक हितों की काफी रक्षा हो गई। कुछ

ऐसे दृश्य दिखने लगे—जिससे कम-से-कम एक हजार की उम्मीद है और जो बड़ी आसानी से इतना दे देगा, उसके पास सधे-बधे माँगने वाले पहुँचे और कहा, 'भैया जी, सौ रुपये से एक कौड़ी कम नहीं लेंगे।' भैया जी, जो एक हज़ार तक देने के लिए जी कड़ा कर चुके हैं, यह सुनकर पहले तो खुशी सँभाल नहीं पाते। फिर नाटक करते हैं, 'नहीं, नहीं, साब, सौ बहुत हो जाएगा। आजकल धन्धे में क्या रखा है?' माँगने वाले जोर देंगे, तो वह महान् बलिदान की मुद्रा में सौ का नोट देकर हाथ जोड़ लेगा। वह मन-ही-मन कहेगा, 'अपने ही लोग माँगने वाले हैं तो नौ सौ बच गए!' इस तरह मध्यम वर्ग और मजदूर वर्ग को बचाने वाले कोई नहीं थे। वास्तव में, इन लोगों ने देश-रक्षा के काम में किफायत करने की कल्पना भी नहीं की।

जगह-जगह जो समितियाँ बनीं, उनमें वे लोग प्रमुख रूप से शामिल हुए, जो दूसरे महायुद्ध में अंग्रेज सरकार की 'वार फण्ड कमेटी' में थे। इस सरकार की 'वार फण्ड कमेटी' बनी, तो इसमें भी वे हैं। और अगर चीन का कब्जा हो जाए (जो कभी नहीं, कभी नहीं होगा) तो वे उसकी 'वार फण्ड कमेटी' में भी हो जाएँगे और कहेंगे, 'साब, हम उन लोगों में नहीं हैं जो बार-बार अपने सिद्धान्त बदलते हैं। हम तो शुरू से सरकार के साथ थे सो अब हैं। अंग्रेज सरकार थी, तो हम उसके साथ थे, फिर देशी सरकार बनी, तो हम उसके साथ भी थे। और अब आप आए हैं, साब, तो हम आपके साथ भी हैं। हम सिद्धान्त के पक्के हैं, साब!'

एक जगह से जब हम दस रुपये राष्ट्रीय सुरक्षा कोष के लिए लेकर चलने लगे, तो देने वाले ने दूसरे से कहा, 'यहाँ तो यह लगा ही रहता है। कभी दुर्गा-पूजा का चन्दा, कभी गणेशोत्सव का, कभी ये!'

जिसके घर में हजारों तोले सोना है और जिसकी पत्नी चलता-फिरता सराफा बाजार है, वह एक तोला लेकर सुरक्षा-कोष में देता है और फौरन अखबार की तरफ भागता है कि दूसरे दिन 'स्तुत्य दान' के नीचे नाम छप जाए।

मगर बन्धु, यह सब कहना खतरनाक हो गया है। आप कहें, तो आरोप लगा देंगे कि यह एकता भंग करता है, वर्ग-द्वेष पैदा करता है—यह 'गद्दार' है! यह शब्द खूब जबान पर चढ़ा है। यदि कोई सौदा लेने

जाए और दूकानदार कम तोले, तब यदि ग्राहक कहे, 'यार, पूरा तोलो, डंडी क्यों मारते हो?' दूकानदार हल्ला मचा सकता है, 'यह गद्दार है।' भीड़ इकट्ठी हो जाएगी। जगह-जगह डंडी मारी जा रही हैं और इसकी तरफ इशारा करने वाला 'गद्दार' कह दिया जाता है।

इधर मैंने एक बहुत बड़े नेता का भाषण सुना। अखिल भारत में वे दूसरे श्रेणी के नेता होंगे। प्रचारित हुआ था कि वे चीनी आक्रमण का विश्लेषण करेंगे, भारतीय जनता के कर्त्तव्य बतलाएँगे और इस सन्दर्भ में जनमत को शिक्षित करेंगे। मैं बड़ी आशा से सुनने गया। उनका शिक्षा-प्रद भाषण हो रहा था। वे कह रहे थे, 'चीन में न माँ होती है, न बहिन, न स्त्री। सब गोलमाल रहता है। और चीनी लोग मेंढक खा जाते हैं, कुत्ता खा जाते है। साँप-बिच्छू न जाने क्या-क्या खाते रहते हैं।' जागृत और काफी समझदार जनता को इस तरह वे शिक्षित और उत्साहित कर रहे थे। मैंने उनके कई भाषण सुने हैं और मेरा अभी तक ख्याल था कि वे खुशी से बोलते हैं, तब मूर्खता के चरम बिन्दु पर पहुँचते हैं। मेरी धारणा बदल गई। वे जोश में चरम बिन्दु छूते हैं। यों जहाँ अथाह सागर है वहाँ क्या हिसाब लगाना कि यहाँ दस फुट कम गहरा और यहाँ पाँच फुट अधिक गहरा।

चीन से लड़ने की तैयारी का पहला कदम क्या हो? मेरी अल्पमति के अनुसार पहले यह तय हो जाना चाहिए कि सबसे पहले चीन के इस इरादे की चेतावनी किसने दी थी। पचीसों आदमी कह रहे हैं कि देखो, हमने पहले ही आगाह कर दिया था। कोई कहता है, मैंने सन् '६० में ही चेतावनी दे दी थी। दूसरा कहता है, मैंने सन् '५६ में कह दिया था। तीसरा कहता है, मैंने तो सन् '५० में बता दिया था। और चौथा कहता है कि मैं तो बचपन में ही कहता था कि देखो, एक दिन चीन हमला करेगा। बन्धु, चीन की लड़ाई से बड़ी लड़ाई यह है कि किसने पहले कहा था। इसका निर्णय कैसे हो? मैं सोचता हूँ कि कागज़ के टुकड़ों पर कहने वालों के नाम लिखकर किसी बच्चे से एक टुकड़ा उठवा लिया जाए। जिसकी किस्मत जोरदार होगी, उसे श्रेय मिल जाएगा और तब हम चीन से लड़ने की तैयारी करेंगे।

सब दलों के नेताओं के मुँह से दो वाक्य सुनता हूँ—(१) हमें मतभेद

भुलाकर एक हो जाना चाहिए; और (२) इस समय किसी दल को अपने हितों को आगे नहीं बढ़ाना चाहिए। ये बड़े अच्छे उद्गार हैं। लेकिन इन दो वाक्यों के बाद के जो १०० वाक्य होते हैं, वे भेद डालने वाले और अपना हित आगे बढ़ाने वाले होते हैं। इसलिए जब मैं किसी के श्रीमुख से ये वाक्य सुनता हूँ, तो समझ जाता हूँ कि इनका मतलब है कि हम भेद डाल रहे हैं, मगर तुम मतभेद भुला दो। और यह कि हमारे सिवा कोई और अपने हित आगे न बढ़ाए। सिर्फ हमें अपने हित आगे बढ़ाने दो।

बन्धु, इस हल्ले के बीच जब सुनता हूँ कि राष्ट्रीय एकता हो गई तो सोचता हूँ कि जनता तो एक हो गई, मगर नेता और बिखर गए। पक्की एकता अगर किसी की हुई, तो वह है, प्रतिक्रियावादी की। इसे राष्ट्रीय एकता कहना चाहो तो कहो।

बहुत लोग ऐसी बौखलाहट से सरकार को गाली देते हैं, गोया, यह देश केवल सत्ताधारी दल का है और चीन से उसी की लड़ाई हो रही है। मुझे एक सेठ की कहानी याद आती है। सेठ की दूकान के आसपास उसके कुछ दुश्मन रहते थे। वे उसकी दूकान में आग लगाना चाहते थे। सेठ ने एक चौकीदार रख लिया था। एक रात किसी ने आकर सेठ से कहा कि तुम्हारी दूकान में कोई आग लगा रहे हैं। सेठ ने कहा—मैंने चौकीदार तो रख दिया है। अगर आग लग गई तो चौकीदार को निकाल दूँगा। फिर किसी ने आकर कहा कि सेठ, दूकान जल रही है; जाकर बुझाओ। सेठ ने कहा—मेरा चौकीदार वहाँ है। अगर दूकान जली तो नौकरी से निकाल दूँगा। दूकान स्वाहा हो गई। चौकीदार भी निकल गया। दूकान ही नहीं बची, तो चौकीदार क्या करेगा! इस समय चीनी आक्रमण के सन्दर्भ में बहुत लोग चौकीदार को बरखास्त करने में अधिक रुचि ले रहे हैं—आग बुझाने में कम।

पत्र लम्बा होता जा रहा है। मगर एक जरूरी बात तो लिखूँगा ही। कुछ देशभक्तों को यह लग रहा है कि गाँधी जी की हत्या करने वालों को जेल से रिहा कर दिया जाए, तो चीन को हराना आसान हो जाएगा। इसी खास मौके पर उनकी रिहाई की माँग करना इस बात का सबूत है कि राष्ट्रपिता के हत्यारों की सहायता के बिना राष्ट्र मजबूत नहीं होगा।

मेरा तो विचार है कि चोर-डाकुओं को भी रिहा कर दें जिससे नागरिक-सुरक्षा अपने-आप हो जाएगी।

हो सकता है, आपके विचार दूसरे हों। पर चिट्ठी लिखना, और मन की बात लिखना मेरा फर्ज है। सो लिखी।

आशा है, सब कुशल-मंगल है।

सस्नेह

ह० शं० प०

तेरह

प्रिय बन्धु,

पिछले अंक में कैलाश वाजपेयी की चीनी आक्रमण के सन्दर्भ में रचित कविता पढ़ी ! अच्छी लगी। युद्ध की पृष्ठभूमि पर रचित साहित्य के सम्बन्ध में आपकी टिप्पणी भी पढ़ी।

मैं खुद कई दिनों से सोच रहा हूँ कि मैं क्या करूँ। सुनता हूँ कि अमुक ने एक सप्ताह में ही दस कविताएँ, सात लेख लिख डाले। रोज ही अगणित चीन-विरोधी और राष्ट्रवादी कविताएँ, लेख, कहानियाँ पढ़ता हूँ। और तब सोचता हूँ कि मैं फिसड्डी हमेशा रहा—मैंने अभी तक सिर्फ दो कहानियाँ और ५-६ स्तम्भ लिखे हैं, लेकिन इनमें भी वे जोरदार शब्द नहीं आए, जो अन्य की रचनाओं में हैं जैसे गद्दार, नीच, कमीने, अफीमची, बदमाश, धोखेबाज आदि। एक कवि कहता है—दुष्ट चीनी, हम तुझे चीनी (शक्कर) बनाकर चाय में घोलकर पी जाएँगे। दूसरा कहता है—हम पेकिंग पर तिरंगा गाड़ देंगे। (विजयी विश्व तिरंगा प्यारा !) तीसरी कविता में कहा गया है—साले अफीमची, हम तुझे अफीम खिलाकर मार डालेंगे। कल मैंने 'उग्र' की कविता पढ़ी जो आरम्भ होती है 'के बले माँ तुम अबले' और आगे 'बलबूते'-जैसी तुकों की मजबूरी के कारण यह लिखा गया कि तेरे डर से बैरी 'मूते' ! मुझे एक चिट्ठी मिली है कि हम लोग चीनी आक्रमण के 'उपलक्ष्य' में एक पुस्तक निकाल रहे हैं; आप भी इसमें एक रचना छपा लीजिए।

बन्धु, युद्ध आया, तो युद्ध-साहित्य अवश्य लिखा जाएगा। पर अगर चीन से अपनी दुश्मनी पाँच साल चली, तो हर साहित्यकार की कम-से-कम

सौ रचनाएँ तो हो ही जाएँगी। मगर सौ रचनाओं के लिए गालियाँ हम कहाँ से लाएँगे? या हम वीर हैं और शत्रु का नाश कर देंगे, यह कितनी तरह से कह सकेंगे? और जब कोई युद्ध की पृष्ठभूमि पर लिखा गया हमारा साहित्य देखेगा, तो उसमें गाली और वीर वाक्य के सिवा और क्या पाएगा?

चीन ने आक्रमण किया, तो साहित्यकार पर विभिन्न प्रकार से प्रतिक्रियाएँ हुईं। क्रोध सबको आया, घृणा भी पैदा हुई। साथ ही राष्ट्र-गौरव और राष्ट्र-शक्ति की चेतना बहुत तीव्र हुई। यह तो सबको समान ही हुई। अभिव्यक्ति के रूप और प्रयोजन में बहुत विभिन्नताएँ आईं। एक तो भारतीय साहित्यकार और, विशेषकर, हिन्दी वाला बहुत ही भोला होता है। उसके पास 'आत्मा' नाम की एक ऐसी चीज़ होती है, जो सब कुछ सहज कर देती है। उसकी आत्मा में जो सहज उठ आता है, वह सत्य होता है। अब मुश्किल यह है कि कभी-कभी अशिक्षा ही आत्मा बन जाती है। कभी स्वरक्षण का छिपाव भी आत्मा का रूप ले लेता है, कभी-कभी आत्म-छल आत्म-ज्ञान बन जाता है। कभी अवसरवाद भीतर बैठकर बोलता है और हम समझते हैं कि यह हमारी शुद्ध आत्मा बोल रही है। यह 'आत्मा' बहुत अविश्वसनीय चीज़ है। एक तो यह बाहर नहीं देखने देती है और भीतर, न जाने क्या-क्या बातें सुझाती रहती है।

तो आत्मा ने कहा—क्रोध और घृणा! फिर कहा—राष्ट्र महान् है। साहित्यकार ने यह सब कह लिया और ठीक कह लिया। साधारण आदमी के मन में भी यही सब उठा और इसे उठना चाहिए। मगर इसके बाद, अशिक्षा ने आत्मा को दबाया और कहा कि अब मैं बोलूँगी। बोली कि—चीन धर्म नहीं मानता और भारत धर्म मानता है, इसलिए यह धर्म-युद्ध है। धर्म के नाम पर अपना देश न्यौछावर होता है। धर्म के नाम पर विधवाओं को बेचने से लेकर दंगे तक हम कर लेते हैं। धर्म से जो बात उठी, तो कई लेखकों को एकदम ईश्वर याद आने लगा। उन्हें लगा कि चीन से लड़ना है, तो अपनी तरफ़ ईश्वर होना ही चाहिए। एक चीज़ है, जो चीन के पास नहीं है और अपने पास है। बन्धु, काफी लेखक धर्मोन्मुख और ईश्वर-शरणागत हो गए हैं।

अशिक्षा ने आत्मा बनकर फिर कहा कि चीन ने हमला किया और

चीन समाजवाद मानता है। (साम्यवाद ही कह लो) तो समाजवाद बुरा हुआ और राष्ट्र-प्रेम का सीधा मतलब समाजवाद-विरोध हुआ। भोले लेखक को विश्वास हो गया कि सारे संकट की जड़ यही समाजवाद है क्योंकि चीन ने समाजवादी होने के कारण ही हमला किया है। बन्धु, राष्ट्र-प्रेम का मतवाला लेखक उस सबका विरोधी हो गया, जो शोषण समाप्त करता है, मनुष्य को न्याय दिलाता है, पूँजी के अत्याचार समाप्त करता है। मैं सोचता हूँ कि अगर ब्रिटेन से ऐसा ही झगड़ा होता तो क्या 'आत्मा' यह कहती कि प्रजातंत्र मुर्दाबाद! प्रजातंत्र ही सब झगड़ों की जड़ है। चीनी आक्रमण ने जीवन-भर समाजवादी रहे लेखक का मूल सिद्धान्त पर से ही विश्वास उठा दिया। उसने प्रतिक्रियावाद को राष्ट्रीयता समझ लिया और मयूर की तरह नाचने लगा। मैंने कहा न, लेखक बेचारा बड़ा ही भोला है—उसने इसे 'आस्था का संकट' (क्राइसिस ऑफ फेथ) कहा और इस गर्व से कहा कि अब हम पश्चिम के लेखक की बराबरी पर आ गए। उसकी आस्था पर संकट है, तो क्या हमारी आस्था पर नहीं है?

फिर कुछ लोगों के भीतर से आत्मा बोली। इस बार वह उन लोगों के भीतर से बोली जो अब ऊँचे पदों पर या अच्छे धन्धों में हैं, पर किसी समय प्रगतिशील आन्दोलन में प्रमुख रूप से शामिल थे। भारत में अच्छी नौकरी लगने या अच्छा धन्धा जमने तक हर बुद्धिमान क्रान्तिकारी होता है। इसके बाद वह अंग समेटने में लग जाता है। आधी जिन्दगी क्रान्ति का बिगुल फूँकने में जाती है और शेष आधी कैफियत देने में कि नहीं, मैं वैसा नहीं हूँ। बन्धु, असली संकट में यही लोग पड़े। आत्मा ने कहा—अरे बाप रे! साम्यवादी चीन ने हमला किया है। हम कभी जनता की क्रान्ति की बात करते थे। अपने पीछे वह कलंक लगा ही है। कहीं इस समय वह बात फिर उठी तो? इस आर्त्तनाद को भी आत्मा की आवाज़ समझा गया। और तब सफाई का साहित्य लिखा गया कि अरे भाई, हम वे नहीं हैं। वह सब बहुत बड़ा है। समाजवाद बुरा, आर्थिक न्याय की बात धोखा, जनता का नाम सिर्फ एक नारा! देखो, हम तो शुद्ध प्रतिक्रियावादी हैं। अब हमारे राष्ट्रीय होने में क्या शक है? चीनी आक्रमण के बाद जो झपाटे से कारखाने से कविताएँ, लेख आदि निकले, उनका यही मकसद था। यह भी आत्मा की ही आवाज़ है कि जब तक कोई आन्दोलन अपने

को लाभ पहुँचाए, तब तक उसमें रहना चाहिए। और जब उस विश्वास के कारण थोड़ा नुकसान उठाने का मौका आ जाए, तो झट दूर होकर उस सबको बुरा कहना चाहिए। अगर ऐसा करने वाला बुद्धिमान् हो, तो वह इस शुद्ध अवसरवाद को एक ठोस दर्शन देकर उसे वंदनीय भी बना सकता है।

एक 'तीज-त्योहारवादी' लेखक होता है, जो दिवाली आने पर दीपोत्सव पर लिखता है और सूरदास की जयन्ती पर लिखता है—'भारत में फिर से आ जा कवि सूरदास प्यारे !' स्थितियाँ इसके लिए पर्व बनकर आती हैं—राखी है, वसन्तोत्सव है, होली है, और चीनी आक्रमण है। कोई पर्व उससे बिना लिखे बच नहीं सकता। इस लेखक-वर्ग से न कुछ ठोस की उम्मीद करनी चाहिए, न उससे शिकायत करनी चाहिए। पर्व आया है और पत्र-पत्रिकाएँ इस तरह की चीज़ें छाप रही हैं, तो वह लिखेगा।

लेकिन बन्धु, बड़े और सफल लेखकों से आप प्रश्न जरूर पूछ सकते हैं कि भाई हमने तुम्हारी और भी रचनाएँ पढ़ी हैं। यह एक युद्ध की पृष्ठ-भूमि पर भी पढ़ी। क्या कारण है कि यह रचना उनसे बहुत हल्की पड़ती है? क्या इस सत्य को तुमने उतनी तीव्रता से अनुभव नहीं किया जितनी तीव्रता से उन रचनाओं के सत्य को? मसलन तुमने कुण्ठा की बहुत अच्छी कविताएँ लिखी हैं। क्या कुण्ठा तुम्हारे लिए अधिक अनुभूत सत्य है और चीनी आक्रमण बहुत कम?

बन्धु, लेखकों ने युद्ध देखा नहीं है। न उर्वसीयम देखा, न लद्दाख। जैसे यूरोप के कई लेखकों ने प्रथम और द्वितीय विश्व-युद्धों में भाग लिया या युद्ध के सम्वाददाता के रूप में कार्य किया, वैसे अपने यहाँ तो मौका आया ही नहीं। जब देश पर आक्रमण हुआ तो युद्ध की पृष्ठभूमि पर लिखना जरूरी हुआ। बेचारे ने समझा कि युद्ध की पृष्ठभूमि का मतलब सिर्फ गोली चलाना, सिपाही का मरते-मरते भी चार दुश्मनों को मारना, सिपाही की बीवी का गर्व करना कि मेरा पति देश के लिए शहीद हुआ। ये सब बातें यों ठीक हैं। पर इनसे बाहर न लेखक ने देखा, न उसका मानस इनसे आगे कुछ अनुभव कर पाया। चीनी आक्रमण ने एक झटका देकर देश के नागरिक को उठा दिया। उसके जीवन-क्रम में और मनःस्थिति में आश्चर्य-जनक परिवर्तन हो गए। गृहिणी किफायत करके सुरक्षाकोष में देती है

बधू आभूषणों को देश के लिए त्यागती है, बच्चे चीनी और भारतीय टोली बनाकर खेलते हैं, भजन-मण्डलियों ने अपने भजनों में चीनी आक्रमण को समाविष्ट कर लिया है, दफ्तर में देर से पहुँचने वाला कामचोर अलाल मुंशी समय से पहले पहुँचने लगा है। कितनी ही बातें हैं, जो आसपास हो रही हैं, उर्वसीयम में नही हो रही। मगर लेखक. को लगता है कि यह सब कुछ नहीं—गोली चलाना ही युद्ध-साहित्य का विषय है। अब कृष्णचन्द्र (जो उर्दू में 'कृश्नचंदर' हैं) तो कश्मीर में रहे हैं, तो बर्फीली घाटियाँ बम्बई में बैठकर भी दिख जाती हैं। इन घाटियों में गोली चलवाना और मरते हुए सिपाही से वीरोक्तियाँ कहलाना आसान है। मगर हमारे लिए तो बर्फीली घाटियाँ, गोलाबारी और सिपाही सभी नए हैं। अब अगर हम मात्र इसी को युद्ध-साहित्य का विषय मानें तो काफी पोची रचना निकलेगी। यह एक दौर था, जो निकला जा रहा है। गोलाबारी और वीरोक्ति के दायरे से बाहर अब हम आने लगे हैं। मगर चीन से शिकायत का काव्य अभी उसी गति से चल रहा है—धोखेबाज, तूने भाई के साथ दगा किया ! इसे कब तक रोएँगे ?

बन्धु, कहीं यह न समझ लेना कि इस सन्दर्भ में कुछ ठोस लिखा ही नहीं गया। कुछ रचनाएँ बहुत ठोस हुई हैं। पर अधिकांश घर से अखबार के दफ्तर जाते हुए रास्ते में लिखी गई हैं। हमें जल्दी ही गोलाबारी, ग्लानि और वीरोक्ति से आगे बढ़ जाना चाहिए, वरना युद्ध-साहित्य की रचना सिखाने के लिए भी कहीं कोई अमरीकी या ब्रिटिश 'मिशन' भारत न बुलाना पड़े।

आजकल मैं तो 'आल्हा' पढ़ रहा हूँ। वीर-काव्य है, बहुत उत्तेजक। मेरे एक मित्र ने बताया है कि उनके गाँव में चौपाल पर 'आल्हा' हो रहा था। ज्योंही वाचक ने पढ़ा, 'जिनके बैरी सम्मुख बैठे, तिनके जीवन को धिक्कार।' त्योंही एक आदमी उठा और तलवार खींचकर सामने वाले का सिर काट लिया। वह उसका बैरी था और 'जिनके बैरी सम्मुख बैठे, तिनके जीवन को धिक्कार।' मैंने कहा—तब तो सारे देश में 'आल्हा' का पाठ कराएँ तो वीरता का एकदम ज्वार आ जाए। मेरे दोस्त ने कहा—पर उसमें एक खतरा है। जब पढ़ा जाएगा 'जिनके बैरी सम्मुख बैठे, तिनके जीवन को धिक्कार !' तब श्रोताओं में से स्वतन्त्री कांग्रेसी का गला घोंटेगा,

जनसंघी साम्यवादी की गर्दन नापेगा और प्रजा-समाजवादी तथा समाजवादी एक-दूसरे की गर्दन को पकड़ कहेंगे कि हम विलयन की वार्ता कर रहे हैं। इस सम्भावना की कल्पना करके मैं घबड़ा गया। 'आल्हा' का पाठ होने लायक वातावरण देश में नहीं है। मैं भी अब 'आल्हा' पढ़ता हूँ, तो देख लेता हूँ कि आसपास कोई सुन तो नहीं रहा है। अपनी गर्दन सबको प्यारी होती है।

यहाँ सब ठीक चल रहा है। वहाँ भी पहले से ठीक है क्योंकि पत्रिका समय पर निकलने लगी है।

सस्नेह

ह० शं० प०

चौदह

प्रिय बन्धु,

मैं इन दिनों हिन्दी के बारे में ही सोचता रहा हूँ। हिन्दी—मेरी मातृभाषा, मेरी राष्ट्र-भाषा, मुझे रोटी दिलाने वाली भाषा। 'निज भाषा उन्नति अहै सब उन्नति कौ मूल—' भारतेन्दु ने कहा था। सुभाषित तो मुझे बहुत याद आते रहे हैं। तुलसीदास ने प्रतिगामी संस्कृत-भक्तों से कहा था—'संसकिरित है कूप जल भाषा बहता नीर!' और कबीर ने 'प्रेम' से सारा झगड़ा ही खतम कर दिया था—'का भाषा का संसकिरित प्रेम चाहिए साँच!' बन्धु, संस्कृत और 'भाषा' यानी लोकभाषा में से लोकभाषा को बुद्धिमानों ने ४-५ सौ साल पहले ही चुन लिया था। पर मैं अभी भी कुछ लोगों को कहते सुनता हूँ कि संस्कृत को राष्ट्र-भाषा बना दिया जाए। बन्धु, ये तुलसी-कबीर के पहले के लोग, अगर इनका वश चले तो, सचिवालय में यज्ञ-वेदी बनवा दें और हम सबको लँगोटी लगाकर घुमाएँ।

सुभाषित अभी भी सुनता-पढ़ता हूँ—कुछ नमूने आप भी देखें—

१. 'हिन्दी में दो ही ग्रन्थ तो हैं—रामचरितमानस और रेलवे टाइम टेबल।'

—'लिंक' साप्ताहिक में छपे एक तमिल 'विद्वान' के पत्र में यह 'सूक्ति' मुझे मिली।

२. 'हिन्दी में छः ठो जासूसी उपन्यासों और छः ठो यौन उपन्यासों के

सिवा और है क्या ?'

—यशपाल से बंगला के एक बड़े सम्पादक ने कहा। जब यशपाल ने कहा कि अच्छा, आप एक भी हिन्दी उपन्यास का नाम बताइए, तो विद्वान् सम्पादक ने जवाब दिया—'हम बोला न, हम तो पढ़ा नई। जो सुना सो बोलता।'

३. 'अंग्रेजी के हट जाने से राष्ट्र खण्ड-खण्ड हो जाएगा और दक्षिण पर हिन्दी का साम्राज्यवाद प्रसारित होगा।'

—राजगोपालाचारी, जो अणु-बम से लेकर क्षय के टीकों तक, सब विषयों के विशेषज्ञ हैं !

हिन्दी-विरोधी सूक्तियों की गिनती नहीं की जा सकती। अब ज़रा हिन्दी नेताओं के तर्क देखिए।

१. 'जिस भाषा में सूर और तुलसी हैं, उस हिन्दी के सिवा और कौन राष्ट्र-भाषा हो सकती है।'

१०० में से ९० हिन्दी भक्त इसे बड़ा प्रबल तर्क मानते हैं और इसे कहकर आसपास देखते हैं कि हिन्दी विरोधी ढेर हुए कि नहीं। तब कोई बंगला-भक्त उठकर कहता है—'जिस भाषा में रोबीन्द्रनाथ नेई हुआ, वह राष्ट्र-भाषा कैसे हो सकती है? आमार सोनार बांगला !' हिन्दी-भक्त सहम जाता है। 'हाँ यार, रवीन्द्रनाथ तो सचमुच बंगला में हुए थे।'

२. 'मैं तो कहता हूँ कि जो हिन्दी का विरोध करता है वह राष्ट्र-द्रोही है।'

सबसे बड़े हिन्दी-नेता के मुँह से मैंने यह वाक्य प्रवासी बंगला सम्मेलन में सुना।

३. 'बंकिमचन्द्र बनर्जी, शरच्चन्द्र मुकर्जी, काजी नजरुल मुसलमान और खलील जिब्रान आदि बंगाली के महान लेखकों ने कहा था कि हिन्दी भारत की राष्ट्र-भाषा होगी तब ये छोटे-छोटे बंगाली हिन्दी का विरोध क्यों करते हैं ?'

एक हिन्दी नेता ने अपने अविस्मरणीय भाषण में कहा और इस पर ताली भी पिटी।

बन्धु, जब संविधान बना था और हिन्दी को उसमें प्रतिष्ठा मिल गई थी, तब हिन्दी के साहित्यकार तो संयत रहे थे, पर हिन्दी के नेताओं ने

काफी धमाचौकड़ी मचाई थी। उस दौर में, मुझे भी लगने लगा कि सचमुच हिन्दी वाले 'अटक से कटक' और 'कश्मीर से कन्याकुमारी तक' धींगा-मुश्ती मचाकर सबसे हिन्दी मनवा लेंगे। उस वक्त कोई अहिन्दी भाषी पूछता, 'तोम हिन्दी वाला ?' तो हम तनकर कहते, 'हां, हां, हम हिन्दी वाला ! गड़बड़ मत करना।' और अब, मित्र, यह हाल हो गया है कि कोई अहिन्दी भाषी पूछता है, 'तोम हिन्दी वाला ?' तो हम हाथ जोड़कर, सिर झुकाकर कहते हैं, 'हाँ साहब, अगर आप माफ करें, तो हम हिन्दी वाला।' बन्धु, आज जो हमारी हालत हो गई है, उसके लाने में 'हिन्दी वीरों' की कुछ कम जिम्मेदारी नहीं है।

बन्धु, हिन्दी वालों ने व्यावहारिक मामला, जो अर्थ और राजनीति से जुड़ गया है, भावुकता से हल करना चाहा—'जय हिन्दी, जय हिन्दी माता, हे जननी !' अच्छे आजीवन मार्क्सवादी जो 'वैज्ञानिक दृष्टि' की कसमें खाते हैं, 'हे' और 'हाय' के लहजे में हिन्दी का पक्ष-समर्थन करते रहे हैं। हिन्दी का मसला गौ माता का मसला हो गया। ये भक्त नौटंकी के धरमदास लगते थे, जिसने 'धरम' पर जान दे दी—'धरम के कारने जी धरमदास ने देखो जान गँवाई—धरम के कारने जी···गड़-गड़-गड़-गड़-गड़-गड्ड-गड्ड ! (नगाड़ा)' इनमें से अधिकांश हिन्दी-भक्तों के बेटे और बेटी हिन्दी नहीं पढ़ते, वे अंग्रेज़ी पब्लिक स्कूल में अंग्रेज़ी पढ़ते हैं और घर में भी माँ-बाप से अंग्रेज़ी बोलते हैं। बड़े-बड़े हिन्दी लेखकों के बेटे-बेटी 'डैडी-ममी' करते हैं। अगर आप सूची बनाना चाहें, तो मैं ही ८-१० नाम बता सकता हूँ। मैंने देखा कि हिन्दी से रोटी और यश कमाने वाला पिता, जो बाहर हिन्दी के लिए हाय-हाय करता है, अपने बेटा-बेटी को हिन्दी से अनभिज्ञ और भारतीयता से शून्य देखता है, तब बहुत गर्व का अनुभव करता है—हमारे बच्चे गँवारों की तरह हिन्दी नहीं सीखते ! बन्धु इसी तरह इन चार हिन्दी नहीं राज्यों के मन्त्रियों और सचिवों और ऊँचे अफसरों के बेटा-बेटी भी अंग्रेज़ी स्कूल में ही अंग्रेज़ी माध्यम से पढ़ते हैं। विधानसभा में शिक्षा-मन्त्री वक्तव्य देते हैं कि हमने हिन्दी स्कूलों की ऐसी उन्नति कर दी, मगर मन्त्री जी अपने बच्चों को इन 'उन्नत' स्कूलों में नहीं भेजते। क्या कारण है। जैसा मैंने सन् १९५८ में 'वसुधा' के एक सम्पादकीय में लिखा था (अपनी ही उक्ति का उद्धरण सिर्फ माचवे

ही नहीं देते, मैं भी दे लेता हूँ) 'अंग्रेज़ी से इंजीनियर बनता है और हिन्दी से पटवारी। उच्च वर्ग का आदमी अपने बेटे को इजीनियर बनाएगा और निम्न मध्यम वर्ग का आदमी पटवारी।' बन्धु, इस भयंकर मिथ्याचार में हिन्दी वाले भी तो फंसे हैं और तब दक्षिण वाला सोचता है कि अगर हिन्दी से ही ऊँची नौकरी मिलेगी, हिन्दी पत्रकारिता से ही जीविका चलेगी, हिन्दी से ही ऊँची शिक्षा मिलेगी, तब मेरा क्या होगा? इस मौके पर राजनीतिक नेता प्रकट होता है और मामले को हाथ में लेकर उलझाता जाता है।

बन्धु, व्यावहारिक सुविधा, अर्थ और राजनीति का मामला है यह। मगर इसमें प्रेम और घृणा की भावुकता आ गई है। डॉ० रघुवीर ने इसे हिन्दू साम्प्रदायिकता का रूप ही दे दिया। उन्हें जनसंघ का अध्यक्ष होना था। उन्होंने रूढ़ व्यावहारिक शब्दों को आर्य समाज मन्दिर में ले जाकर उनका शुद्धि संस्कार किया और फकीरेलाल वहाँ से जगत्कारु होकर निकला। हिन्दी विरोधियों ने इस 'रघुवीरी' नाम से जानी जाने वाली शब्दावली को लेकर हिन्दी भाषा का कितना उपहास किया है। उपहास-कर्त्ताओं में से अधिकांश ने वे शब्द-कोश देखे तक नहीं होंगे। उनमें सब कुछ निरर्थक नहीं है, काफी श्रम का भी है। मगर रेल, टाई, टेबल—आदि के पर्यायवाची शब्द लेकर खूब मजाक उड़ाया गया। विद्वानों ने भी ऐसा किया। अंग्रेजी आचार्य प्रोफेसर देव का मैंने एक भाषण सुना जिसमें वे हिन्दी का मजाक यह कहकर उड़ा रहे थे कि हिन्दी में 'नेकटाई' को 'कण्ठ लंगोट' कहते हैं। ठेठ सड़क छाप बात विद्वान ने कही। मजा यह है कि यह बहुचर्चित, उपहास साधक 'कण्ठ लंगोट' शब्द उस अभागे रघुवीर के शब्द-कोश में नहीं है। मगर मजाक के लिए चल रहा है। गर्व ज्ञान का होते देखा है। मगर हिन्दी के मामले में अज्ञान गर्व का विषय हो गया है। 'हम तो हिन्दी पढ़ा नेईं' गर्वपूर्वक कहा जाता है। भारतीय साहित्य के अंग्रेज़ी व्याख्याताओं का अज्ञान तो बहुत ही भयंकर है। कुछ महीने पहले अंग्रेज़ी में भारतीय लेखक खुशवन्त सिंह ने एडिनबरा के सम्मेलन में भारतीय साहित्य पर जो भाषण दे मारा, उसमें सिर्फ आर० के० नारायण की तारीफ की। नारायण अंग्रेज़ी में लिखते हैं, जिसे खुशवन्त सिंह 'बाँच' लेते हैं, और फिर उनकी एक किताब की भूमिका ग्राहम ग्रीन ने लिखी है। यों

नारायण मुझे भी पसन्द है, लेकिन क्या भारतीय भाषाओं में और कुछ नहीं लिखा जा रहा है। खुशवन्तसिंह को मालूम चाहे कुछ न हो, लेकिन बोले बिना वे रह नहीं सकते—वे विदेशों में 'भारतीय' जो कहलाते हैं। ऐसे व्याख्याता कई हैं। अभी मैंने एक चेक पत्रिका में हिन्दी कविता पर लेख पढ़ा जिसमें केवल निराला और दो फिल्मी गीतकारों के नाम ही थे। लेखक निराला का नाम सुनने से बच नहीं पाया होगा और फिल्मी गीत उसने शौक से सुने होंगे। लेख लिखने को इतना काफी है !

बन्धु, यह हिन्दी का मामला ही नहीं है, अपनी जमीन से उखड़ जाने का मामला है। श्री लंका के पत्रकार तर्जी विटार्शा ने 'द ब्राउन साहब' में लिखा है कि ब्रिटेन के नव स्वतन्त्र उपनिवेशों से गोरे साहबों के जाने के बाद जिन 'ब्राउन साहबों' का सब जगह कब्जा हो गया है वे अपनी जमीन से उखड़े हुए घोर असंस्कृत लोग हैं। वे इन देशों का अपना सहज राष्ट्रीय सांस्कृतिक रूप ग्रहण ही नहीं करने देते।

अच्छा, जय हिन्दी !

सस्नेह

ह० शं० प०

पन्द्रह

प्रियवर,

महीनों बाद चिट्ठी लिख रहा हूँ और आपको एक झंझट में घसीट रहा हूँ। जिस अखबार पर दो-चार मानहानि के मुकदमे न चलते रहें वह अखबार नहीं, सिनेमा का पर्चा हुआ ! और जिस मासिक-पत्रिका में कोई विवाद न चलता रहे, वह पत्रिका नहीं 'कल्याण' है। 'उर्वशी' की समीक्षा और डॉ० भगवतशरण उपाध्याय के लेख को लेकर जो विवाद हो रहा है, वह शुभ है। मैं चाहता हूँ कि एक और बहस शुरू करिए। बहस होगी—'नई कहानी' और 'पुरानी कहानी' पर। इसकी जमीन मैं देता हूँ; इमारत आप तानें।

कुछ लोग कहते हैं कि हम जो कहानी लिखते हैं, वह 'नई कहानी' है। वे यह भी कहते हैं कि कुछ और लोग जो लिखते हैं, वह 'पुरानी कहानी' है। तब वे 'कुछ और' लोग कहते हैं कि तुम लोग जो लिखते हो, वह

'कहानी' ही नहीं है। तीसरा स्वर तब मसीहाई अन्दाज़ से आता है—'अरे भाई, क्यों झगड़ते हो ? तुम भी अच्छा लिखते हो, वे भी अच्छा लिखते हैं। न कुछ नया है, न कुछ पुराना। संसार असार है। दो दिन की ज़िन्दगी है। बने सो भला कर लो। कम-से-कम हमें तो साधु मानो !'

मगर हिन्दी में कोई किसी को तब तक साधु नहीं मानता जब तक वह पाठ्य-पुस्तक समिति का सदस्य न हो जाए। साधुओं की बात किसी ने नहीं मानी और झगड़ा इस वक्त खूब जोर पर है। पहिले तो मैंने समझा कि यह झगड़ा कहानी से कहानी का है। पर बाद में देखा कि झगड़ा उम्र से उम्र का है। वरना ऐसा क्यों न होता कि पचास से ऊपर की उम्र का कोई कहानीकार ताल ठोंककर कहता कि हाँ, नई कहानी लिखी जा रही है और मैं लिख रहा हूँ। नई कहानी के ये लक्षण हैं, जो मेरी कहानी में पाए जाते हैं। मेरी ही नहीं, मेरी उम्र के इन-इन लेखकों में पाए जाते हैं। अब बोलो २० से ४० के बीच के बच्चो !

ऐसा किसी ने नहीं कहा। अब भी कह दे, तो बहस का रुख ही पलट जाए। जनसंघ तक ऐसा कर लेता है कि मुसलमानों को सदस्य बनाकर कहता है कि लो, हम भी धर्म-निरपेक्ष, असाम्प्रदायिक ! अब बोलो 'सेकुलर डेमोक्रेट्स' !

मैं देख रहा हूँ कि यह झगड़ा आयु-विभागों के बीच ही चल रहा है। इस पर इसी दृष्टि से विचार करना चाहिए और इसका हल खोजना चाहिए।

इसमें मूल गलती तो समय की है जो बदल जाता है। दूसरी गलती दुनिया की है, जो बदलती रहती है। हमें 'काल देवता' से प्रार्थना करनी चाहिए कि तू बदल मत। ब्रह्मा का एक दिन तो तू हमारे लाखों वर्षों के बराबर बनाता है, पर हमारा वर्ष इतनी जल्दी बदल देता है। इसी तरह दुनिया से प्रार्थना करनी चाहिए कि तू देख कि तेरे बदलने के कारण हिन्दी साहित्य पर संकट आ गया है। क्या तू कहानीकारों के भले के लिए कम-से-कम एक शताब्दी भी एक करवट सोई नहीं रह सकती ?

अगर समय और दुनिया अपनी विनती नहीं सुनते, तो फिर भारत सरकार का ध्यान इस तरफ दिलाना चाहिए। शान्ति और सुरक्षा के लिए सरकार को इस मामले में हस्तक्षेप करना भी चाहिए। साहित्य में यह

झगड़ा इसलिए खड़ा होता है कि कोई लेखक पहले और कोई पीछे पैदा होता है। अगर लेखकों के जन्म को नियमित कर लिया जाए तो झगड़ा खतम हो सकता है। चाहे संविधान में संशोधन ही क्यों न करना पड़े, पर यह कानून बन जाए कि हर शताब्दी के किसी निश्चित वर्ष में ही कहानीकार पैदा हो सकता है। ज्योतिषियों से गणना करवा ली जाए कि कौन वर्ष कहानीकारों के जन्म के लिए शुभ है। उस वर्ष जितने कहानीकार चाहें पैदा हो जाएँ हो जाएँ, आगे-पीछे नहीं। मान लीजिए शताब्दी का नवाँ वर्ष निकला। अब नवें में पैदा होने वालों में से ही कुछ लोग कहानी लिख सकेंगे। इसके पहिले या बाद में जन्म लेने वाला कोई कहानी लिखेगा तो वह कानूनन जुर्म होगा। जब एक ही साल पैदा हुए लेखक कहानी लिखेंगे तो न कोई नई कहानी होगी और न कोई पुरानी। तब हर कहानी शताब्दी की कहानी होगी। जो अभी दशक की कहानी होती है, तब इस पीढ़ी का कहानीकार आगामी पीढ़ी के कहानीकार को नहीं देख सकेगा क्योंकि हर वर्षगाँठ पर हमारी शुभकामना के बावजूद कौन लेखक १०० साल जीता है। इसी तरह का एक वर्ष कवि के पैदा होने के लिए तय हो जाए, तो नई कविता वालों को भी चैन मिले और डॉ० नामवर सिंह 'क्षण-भर' नहीं, दिन-भर मजे में नई कविता पर बैठें या लेटें या सो जाएँ, कोई कुछ नहीं कहेगा; बल्कि लाकर खाना खिला देगा।

बन्धु, इधर एक नए दृष्किोण से इस संघर्ष को देखा गया है। किसी ने कहा है कि यह सारा झगड़ा धन्धे का है। नया लेखक बाजार में अपना माल खपाना चाहता है, इसलिए जमे हुए व्यापारियों के माल को घटिया कहता है। यह साहित्यिक विवाद नहीं, आर्थिक स्पर्धा है। अगर यही बात है, तो मामला सहज ही हल हो सकता है। एक पत्रिका निकले जिसका नाम 'पुरानी कहानी' हो, जो हर कहानी का पारिश्रमिक ५००) दे। अब कौन माई का लाल नया लेखक, ऐसा है, जो ५००) के लाभ में 'पुरानी कहानी' नामक पत्रिका में 'नई कहानी' न छपाए? बस इस तरह पैसे से फँसाकर अपने को नया कहने वाले हर लेखक को 'पुरानी कहानी' की जिल्दों में बाँध दें और तब दुनिया को बता दें कि ये नए कहलाने वाले वास्तव में पुराने हैं। बन्धु, इस तरह 'नई कहानी' का नाम ही इस भूतल से मिट जाएगा। झगड़ा भी खतम हो जाएगा।

मुझे ये नाम ही गलत लगते हैं। नए लेखक कहते हैं कि हम नई, वास्तविकता का चित्रण कर रहे हैं और पुराने लेखक पुरानी वास्तविकता का। यों मैंने कुछ नयों को भी पुरानी वास्तविकता का चित्रण करते देखा है। अगर नई और पुरानी वास्तविकता का ही भेद है तो पुरानी वास्तविकता वाली कहानी को 'ऐतिहासिक कहानी' क्यों नहीं कहते। इस तरह दो चीज़ें रह जाएँगी—कहानी और ऐतिहासिक कहानी। ऐतिहासिक कहानी लिखने का हर एक को हक है और यह कोई बुरी बात भी नहीं है। मुझे तो २५ साल पहिले के वे भेद अच्छे लगते हैं—सामाजिक कहानी, धार्मिक कहानी, ग्रामीण कहानी, सास-बहू की कहानी, ऐतिहासिक कहानी, वीरता की कहानी, हास्यरस की कहानी। कुछ इसी तरह के प्रकरण शुरू में नए कहानीकारों ने भी बनाए थे, जब वे शहरी और देहाती कहानी की महत्ता पर बहस करते थे। उस वक्त कसबे की कहानी भी बन गई थी। मैं उम्मीद कर रहा था कि यह भेद और सूक्ष्म होता जाएगा और आगे तहसील की कहानी, थाने की कहानी, मुहल्ले की कहानी होगी। फिर एक भेद होगा दस हजार की आबादी के कसबों की कहानी, दूसरा होगा सत्तर हजार के शहर की कहानी, फिर तीस लाख के महानगर की कहानी। आगे चलकर 'हिल स्टेशन' और 'रेडियो स्टेशन' और 'सेनेटोरियम' की कहानियाँ होंगी।

यह हुआ नहीं। साहित्य ने मोड़ ले लिया और झगड़ा नई और पुरानी कहानी में चल पड़ा। इसे बढ़ावा देना हर सचेत सम्पादक का कर्त्तव्य है। इसलिए आप भी अखाड़े में मिट्टी डालें। लड़ने वाले आसपास लंगोट बाँधे खड़े हैं।

तबीयत अब अच्छी है। अगले वर्ष का भविष्य-फल भी एक पत्र के दीपावली अंक में पढ़ा। अच्छा है। सिर्फ दोस्तों और सम्पादकों से सावधान रहने की चेतावनी दी है।

सस्नेह

ह० शं० प०

सोलह

प्रिय बन्धु,

जनवरी का अंक देखा और उसमें भी 'उर्वशी' विवाद पर टिप्पणियाँ पढ़ीं। पता नहीं 'उर्वशी' थी या नहीं, अगर अभी भी है, तो कहाँ है? कहीं हो, इतना निश्चित है कि उस उर्वशी को लेकर देवताओं में इतना विवाद न छिड़ा होगा, जितना इस 'उर्वशी' के कारण हम लोगों में छिड़ा।

मुझे सबसे चतुर वे लगे जो इस विवाद में चुप रहे—जैसे खुद मैं। जब आपकी चिट्ठी आई, तो मैं सोच में पड़ गया। सोच का एक कारण तो यह था कि 'उर्वशी' वाला विषय ज़रा वैसा है—यानी जैनेन्द्रजी इस मामले को 'सुनीता' से लेकर अब तक हल करने की कोशिश कर रहे हैं, पर अभी तक वह उनसे भी हल नहीं हुआ, तो मैं क्यों इसमें पड़ूँ? सोचा, आगे जब मौका आएगा, तो चरम आसक्ति और विरक्ति के एक ही क्षण का एक-दो घण्टे अध्ययन करूँगा—मुक्तिबोध चाहे इसे 'कृत्रिम मनोविज्ञान' कहते रहें।

लेकिन सोच का दूसरा कारण बड़ा था। मुझे पता लगाना था कि 'दिनकर' कौन हैं, क्या करते हैं, उनकी कैसी पहुँच है? खुश हो गए, तो अपना क्या साथ देंगे और नाराज़ हो गए, तो क्या बिगाड़ देंगे? किसी भी पुस्तक की समीक्षा करने से पहले ये बातें जानना ज़रूरी होता है। इसके बिना निष्पक्ष मत नहीं बनाया जा सकता। यह जानकारी भी मुझे चाहिए थी कि 'दिनकर' पर्दे के पूर्व में हैं कि पश्चिम में याने उनके पास चिट्ठयाँ पूर्वी यूरोप से आती हैं कि पश्चिमी यूरोप से। इसके लिए दिल्ली जाकर डाकिये से पूछताछ करनी पड़ती। इतनी फ़ुरसत मुझे उस वक्त थी नहीं। मैंने तय किया कि इस मामले में चुप ही रहूँगा।

चुप रहा, निष्क्रिय नहीं रहा। 'मेरे नगपति मेरे विशाल' कविता मैंने फिर खोजी और एक दोस्त को पढ़कर सुनाई। उसने कहा—यह आदमी

पुनरुत्थानवादी है। यह आगे चलकर वर्णाश्रम धर्म पर पहुँच सकता है। मैंने कहा—नहीं, यह आदमी उग्र राष्ट्रवादी अगर है, तो कुछ जनवादी भी है। इसकी 'दिल्ली' कविता पढ़कर देखो और फिर जिसने इतिहास—संस्कृति का अध्ययन प्रस्तुत किया है तथा भारत की संस्कृति को समन्वित संस्कृति के रूप में देखा है, उनके बारे में ऐसी आशंका नहीं हो सकती। यह सुनकर उस मेरे दोस्त ने 'परशुराम की प्रतीक्षा' मेरे सामने खोलकर रख दी और कहा, इसकी भूमिका में प्राचीन हिन्दू आदर्शों में आस्था प्रकट की गई है और राष्ट्र के उन्नयन के लिए परशुराम की प्रतीक्षा इन्हें है। इन्हें यह याद नहीं रहता कि परशुराम की जाति के लोग नम्बूदरी ब्राह्मण समाजवाद में विश्वास करने लगे हैं। भावना पर टिका हुआ पुनरुत्थानवादी राष्ट्रवाद बड़ा मोहक लगता है, पर वह आगे चलकर 'फासिज़्म' हो जाता है। चीनी हमले के बाद बहुत-से स्तम्भ चरमरा उठे। कुछ को परशुराम याद आया, कुछ को शिवाजी और कुछ को सुदर्शन चक्रधारी। उद्वेलित होने वालों का भरोसा नहीं कि वे कब किस बात पर उद्वेलित हो उठें। चीनी हमले के बाद बहुत लोग उद्वेलित हुए और उस उद्वेलन का एक निष्कर्ष यह निकला कि ब्राह्मणों को राज दिलाने वाले परशुराम की प्रतीक्षा होने लगी।

मेरे दोस्त के इस लम्बे आरोप-पत्र का 'उर्वशी' से कोई सम्बन्ध नहीं था, उर्वशीकार के राजनैतिक व्यक्तित्व से ज़रूर था। मुझे भी कुछ हैरानी ज़रूरी हुई कि उग्रक्रान्तिवादी कवि जब प्रौढ़ हो जाता है तब काम और अध्यात्म के रहस्य में क्यों डूब जाता है? सन् '४२ के क्रान्तिकारी अच्युत पटवर्द्धन आश्रम क्यों खोल लेते हैं? आदमी उसी दिशा में प्रौढ़ क्यों नहीं होता? दिशा बदलकर प्रौढ़ क्यों होता है? प्रेम का कवि प्रौढ़ होने पर और गहरे प्रेम का कवि न होकर गिरिधर की नीति-भरी कुण्डलियाँ क्यों लिखता है? अभिनेता प्रौढ़ होने पर फिल्म-निर्माता क्यों होता है? पता नहीं ऐसा क्यों होता है? मिश्रित अर्थव्यवस्था के कारण तो ऐसा नहीं होता? अशोक मेहता जानें।

कारण कुछ भी हो, 'उर्वशी' आई और बड़ी धूम के साथ आई। 'कल्पना' में बहुत लोगों ने शिकायत की है कि 'उर्वशी' का सुनियोजित प्रचार किया गया कि ऐसा काव्य दूसरा नहीं है, कि 'कामायनी' तो

इसके सामने छोटी पड़ गई। मुझे इसमें कोई असाधारणता नहीं लगती, हिन्दी में हर १०-५ सालों में एक किताब निकलती है, जो अपने से पहले की सब किताबों को काट देती है। दफ्तर में प्रचलित भाषा में वह बाकी सब किताबों को 'राइट आफ' कर देती है। 'उर्वशी' ने 'कामायनी' वगैरह को 'राइट आफ' कर दिया, तो यह प्रचलित तन्त्र के अनुसार ही हुआ। हिन्दी में एक बात और होती है—हर १५-२० साल बाद घोषणा की जाती है कि बस अब इसके आगे साहित्य बढ़ ही नहीं सकता। डॉ० रमाशंकर शुक्ल 'रसाल' मानते रहे कि 'उद्धव-शतक' के बाद हिन्दी में कविता ही नहीं हुई। पर कविता का दुर्भाग्य कि वह हुई। इसी तरह आचार्य वाजपेयी कई साल तक मानते रहे कि 'अंचल' के बाद हिन्दी कविता खतम हो गई। पर फिर उल्टा हो गया। हिन्दी कविता तो खतम नहीं हुई; कवि 'अंचल' अलबत्ता खतम होते गए। साहित्य की इस अनियमनशीलता को क्या कहा जाए !

मुझे ज़रा भी अजब नहीं लगता कि 'उर्वशी' के आने की खबर 'मुगल-ए-आजम' चित्र की तरह दी गई, यद्यपि हमारे शहर में आकर वह सिर्फ दो सप्ताह चला। उसमें एक ही बात आकर्षक थी कि दिलीप कुमार ने प्रेमियों का 'श्रमिक-संघ' बनाया है, नारे लगवाए हैं और शायद 'इण्टक' से सम्बद्ध भी करवाया है। तो प्रचार से मुझे शिकायत नहीं। प्रचार के हम अभ्यस्त हैं। जिसके पास प्रचार के माध्यम हैं और जो समर्थ है, वह प्रचार करेगा ही। वह क्या दूसरे असमर्थों की तरह अपने प्रचार के लिए दूसरों का मुँह देखेगा ! मेरे इधर एक सम्पन्न नेता का एक अखबार पहले निकलता था, जिसमें रोज उनकी तारीफ छपती थी। लोग उनकी आलोचना करते, तो मैं कहता था कि अपने ही अखबार में अगर वह अपनी तारीफ छपाता है, तो तुम्हें क्यों एतराज हो? अखबार तुम्हारा है कि उसका? हाँ, अगर कोई दूसरा अखबार उसकी तारीफ छापे तो उँगली बराबर उठाओ। पर वह तुम्हें उँगली उठाने का ऐसा मौका ही न देगा। खुद अपना प्रचार करना और करवाना सामर्थ्य की बात है। कितनी ही श्रेष्ठ पुस्तकें निकल जाती हैं और उन पर कोई ध्यान नहीं देता क्योंकि उनके लेखक और तरह से सामर्थ्यहीन हैं। अब 'दिनकर' एक विश्वविद्यालय के उपकुलपति हो गए हैं। अब अगर विश्वविद्यालय का समूचा हिन्दी विभाग 'उर्वशी' के प्रचार में

लग जाए, तो कोई हिन्दी वाला क्या बिगाड़ लेगा ?

इधर मैं कुछ दिनों से दिल्ली में हूँ। मेरे एक लेखक मित्र ने बताया कि चीनी हमले के बाद जब 'दिनकर' उद्वेलित होकर वैसी कविताएँ लिख रहे थे, तब एक दिन मैंने उनसे पूछा कि क्या सचमुच आपके ऐसे ही विश्वास हैं ? 'दिनकर' ने जवाब दिया—विश्वास तो मेरा नहीं है; पर मैं देश को उभारना चाहता हूँ। अगर यह बात सही है, तो उस कवि की महानता में क्या शक है, जिसके विश्वास कुछ हैं और वह लिखता ठीक उनके प्रतिकूल है। ऐसा 'ईमान' कवि में नहीं महत्त्वाकांक्षी राजनीतिक नेता में होता है। मुझे याद आता है, कोई ७-८ साल पहले 'उग्र' ने 'समाज' में 'बिन्दु-बिन्दु विचार' स्तम्भ के अन्तर्गत 'दिनकर' के सम्बन्ध में लिखा था कि कवि में राजनीतिज्ञ और नेता उसी तरह छिपे रहते हैं; जिस तरह मरी भैंस के चमड़े में जूते और सूटकेस !

बन्धु, जिसने 'मेरे नगपति मेरे विशाल' कविता ध्यान से पढ़ी थी, वह जानता था कि एक दिन यह कवि परशुराम की प्रतीक्षा करेगा और काम तथा अध्यात्म में गोते लगाएगा। वह ज़रूर 'जन-पथ' पर चलते-चलते 'गेलार्ड' में बैठ जाएगा।

'उर्वशी' पर जो प्रतिक्रियाएँ हुईं, उनसे मेरे सारे अनुमान गलत साबित हो गए। हिन्दी में अनुशासन खतम हो गया। लोहे की दीवार की जगह पर्दा लग गया है, जिसे खिसकाकर कोई भी इस तरफ से उस तरफ आ-जा सकता है। मैं देखता हूँ कि डॉक्टर रामविलास शर्मा ने 'उर्वशी' की तारीफ की है, जबकि 'अज्ञेय' ने उसे महत्त्व ही नहीं दिया, बल्कि दोष ही बताए हैं।

अन्त में, मेरे मन में एक शंका उठती है। कहीं 'उर्वशी' के सुनियोजित प्रचार में उपाध्याय जी भी तो शामिल नहीं हैं ? वह लेख लिखकर उन्होंने 'उर्वशी' का जितना प्रचार कराया है, उतना तो 'दिनकर' ने भी नहीं कराया। आप पूछकर देखिए उपाध्याय जी से।

और सब ठीक है। इधर दिल्ली में हूँ। 'कॉफ़ी हाउस' और 'टी हाउस' के लेखकों के दर्शन रोज शाम को करता हूँ। यह अलग विषय है, जिस पर आगे कभी लिखूँगा।

सप्रेम

ह० शं० प०

सत्रह

प्रिय बन्धु,

मेरी पिछली चिट्ठी से ऐसा अनुमान लगाया गया होगा कि इस बार मैं दिल्ली के साहित्यिक अखाड़ों पर लिखूंगा। मगर मैं लिख रहा हूँ बम्बई के बारे में। अच्छा सफल लेखक वही है, जो दिल्ली की तरफ मुँह करे और चला जाए बम्बई। ऐसे सफल लेखकों की एक लम्बी सूची बन सकती है जिनकी दिशा कुछ दिखती है पर वे जा रहे होते हैं किसी और दिशा में। कितने ऐसे हैं जो 'प्रगतिशील' के खिताब से सुशोभित होते थे, पर थे वे किशोर रूमान वाले। कितने ऐसे हैं जो क्रान्तिवादी बताते थे, पर थे किसी अच्छी नौकरी की तलाश में। ऐसे भी हैं, जो गाँधीवादी होने का प्रचार करते हैं, पर हैं केवल यौनाक्रान्त। ये सभी सफलता की ओर निरन्तर कदम बढ़ाते गए हैं।

तो मैं दिल्ली का इशारा करके जो बम्बई उड़ गया, सो सिर्फ इस कारण कि 'धर्मयुग' में एक कहानी छपी और फिर उस पर बहस छपी। कहानी चाहे अमर न हो, पर उस पर बहस साहित्य में अमर हो सकती है। कहानी छपने के तीसरे दिन भुला दी जाएगी, ऐसी सम्भावना अगर हो तो उस पर तीन-चार सप्ताह विवाद चलाना चाहिए। इस तरह यदि कहानी को 'आक्सीजन टेण्ट' में रख दिया जाए, तो उसकी साँस हफ्तों चल सकती है।

बन्धु, एक कहानी जैनेन्द्र कुमार ने लिखी और उसे 'धर्मयुग' में छपाया। उसे लाखों पाठकों ने और सैकड़ों लेखकों ने पढ़ा होगा। पाठक पढ़कर बोला—ये अब कैसा लिखने लगे ! और कहानी आई-गई हो गई। पर लेखक ने उसे पढ़ा और कहा—इस पर बहस होनी चाहिए। बहस चली, रमेश बक्षी ने सोचा कि नए कथा-साहित्य का भला इसी में है कि पुराने लेखक की हर रचना पर, जो ध्यान देने के काबिल भी नहीं हैं, गम्भीरता से बहस की जाए। जैनेन्द्र कुमार को सपने में भी कल्पना नहीं

थी कि यह कहानी ऐसी महत्त्वपूर्ण है कि इसे लेकर कथा-साहित्य का भूत, भविष्य, वर्तमान तय होने लगेगा। अब वे दिल्ली बैठे भोपाल की तरफ आँखें किए बम्बई की ओर देख रहे हैं और हँस रहे हैं कि कहो, नए लोगो, कैसा फँसाया। तुम मुझे कहानी-लेखक ही नहीं मान रहे थे। मैंने एक रद्दी कहानी पर तुमसे हफ्तों बहस करवाई। इतनी बहस तो मेरे तथाकथित 'विचारों' पर भी नहीं हुई।

बन्धु, नए लेखकों को इस पर विचार करना चाहिए कि रमेश बक्षी ने अपनी तरफ से उक्त कहानी पर बहस छेड़ी या जैनेन्द्र कुमार की तरफ से। जैसा मुझे शक है, भगवतीशरण उपाध्याय ने 'दिनकर' की प्रार्थना पर 'उर्वशी' की कटु आलोचना की थी, वैसे ही, मुझे लगता है, जैनेन्द्र के प्रोत्साहन से ही रमेश बक्षी ने उनकी कहानी की आलोचना की है। इस शक का एक कारण और है। रमेश बक्षी के प्रति जैनेन्द्र कुमार आत्मीयता अनुभव करते ही होंगे। दोनों की समस्या एक है—रमेश बक्षी की उम्र अभी छोटी ज़रूर है, पर वह आगे चलकर प्रौढ़ा हो ही जाएगी। तब तक प्रौढ़ा से बात करने का साहस भी आ जाएगा। जब साहस आ जाएगा, तब जैनेन्द्र कुमार का शेष काम पूरा हो सकेगा।

वह कहानी अभी भी 'आक्सीजन टेण्ट' में रखी है। अगर उसके प्राण निकल गए तो नए लेखक ही उसके लिए स्तूप बनवाएँगे और मेला भरवाएँगे। पिछले १० सालों में साहित्य के क्षेत्र में रचना और समीक्षा सम्बन्धी बड़े-बड़े काम हुए हैं। पर सबसे महत्त्वपूर्ण काम यह हुआ है कि अच्छी रचनाओं को छोड़कर बुरी रचनाओं पर विवाद आयोजित हुए हैं। इससे अच्छी रचना करने के लिए लेखक के मन में उत्साह घटता गया है और वह लगातार बुरी रचना करने की कोशिश करता रहा है। इसमें बहुत लेखक सफल भी हो गए हैं। कहा है—अध्यवसाय सफलता की कुंजी है।

बन्धु, अगर रमेश बक्षी आदि ने जैनेन्द्र कुमार की प्रार्थना पर विवाद नहीं उठाया, तो उनके इरादे दूसरे मालूम होते हैं। ये लोग शायद यह सोचते हैं कि एक बुरी कहानी पर यदि हम बहस चलाएँगे, तो जैनेन्द्र कुमार बुरी कहानी लिखने का लाभ समझकर लगातार बुरी कहानियाँ लिखेंगे। अच्छी कहानी लिखने से कुछ नहीं होता; बुरी कहानी लिखने से चर्चा

होती है। जिसे चर्चा करनी है, वह अच्छी कहानी क्यों लिखे? बुरी क्यों न लिखे? जैनेन्द्र लाख घपले में हों, मगर इतनी लाभ-हानि की बात तो समझते हैं। अतः वे अब बड़ी तेजी से बुरी कहानियाँ लिख-लिखकर साहित्य की भेंट करते जाएँगे। इस तरह नई पीढ़ी को पुरानी पीढ़ी से बुरी कहानियाँ लिखवाने का श्रेय मिलेगा। नए साहित्य की श्रेष्ठता तभी सिद्ध होगी, जब पुराने लोग घटिया लिखेंगे। हम लोगों को खुद कुछ अच्छा लिखने की ज़रूरत नहीं है। हम सिर्फ इतना करें कि घटिया रचनाओं पर बहस करके और घटिया लिखवाते जाएँ।

बन्धु, इससे नए लेखकों को लाभ होगा, जैनेन्द्रादि को भी होगा। पर साहित्य के भण्डार में एक के बाद एक घटिया चीज़ें गिरती जाएँगी।

उस कहानी को नापसन्द करने वालों ने एक बात कोई समझ की नहीं कही। यह कोई आलोचना नहीं हुई कि क्रिस्टीन कीलर पर जैनेन्द्र जैसे लेखक ने क्यों लिखा? वे न लिखते, तो कौन लिखता? मुझे कोई दूसरा नाम बताओ। नहीं बता सकते। इसका मतलब है कि हिन्दी में यदि उस पर लिखना पड़ता, तो उसे जैनेन्द्र ही लिखते। यही हिन्दी साहित्य की नियति है और यही जैनेन्द्र की भी।

इसमें कोई आश्चर्य की बात भी नहीं है। कौन दूसरा लेखक है, जिसने तीस साल पहले 'स्ट्रिपटीज़' में रुचि दिखाई हो? सिवा जैनेन्द्र के कोई नहीं। सुनीता ने जैसी 'स्ट्रिपटीज़' की है उसी से दिशा मिलती थी कि आगे जाकर जब भी कोई 'स्ट्रिपटीज़' का मौका आएगा, तो उसे जैनेन्द्र ही कराएँगे। रमेश बक्षी अपनी औकात पहचानें। इस उम्र में जब वे किस्से पर किस्सा घड़कर भी कुछ नहीं पाते, जैनेन्द्र 'स्ट्रिपटीज़' करा चुके थे। आगे भी जब ऐसे प्रसंग आएँगे, उनका निर्वाह जैनेन्द्र ही करेंगे।

पिछले महीने नई और पुरानी पीढ़ी के लेखकों की इतनी ही उपलब्धि हुई—एक पुराने लेखक ने घटिया कहानी लिखी और नयों ने उसका प्रचार करके घटिया लेखन को प्रोत्साहन दिया।

और सब ठीक है। आशा है, आपके उधर भी शीघ्र ही कोई विवाद खड़ा होगा।

सप्रेम

ह० शं० प०

अठारह

प्रिय बन्धु,

कल भोपाल स लौटा। वहाँ पक्षाघात से पीड़ित मुक्तिबोध की चिकित्सा हो रही है।

मुझे माचवे का वह लेख याद आया जो उन्होंने मुक्तिबोध के बारे में 'धर्मयुग' में लिखा था। उस लेख से मेरे विश्वास को बड़ा धक्का लगा। मुझे पूरा विश्वास था कि वे इस घटना पर कविता लिखेंगे। दिल्ली में एक शाम को जब कॉफ़ी-हाउस में लेखक मित्रों में चर्चा चल रही थी कि इस पर कौन, क्या लिखेगा, तब मैंने बड़े विश्वास से कहा था कि बन्धुवर माचवे फौरन एक कविता लिखेंगे। कविता का कच्चा मसौदा भी मैंने बताया था। मगर देखता हूँ कि उन्होंने तो लेख लिख दिया। इससे मेरी बड़ी किरकिरी हुई।

इसी सिलसिले में मैंने सोचा कि क्यों न मैं कुछ और लेखकों की तरफ से कवि की बीमारी की प्रतिक्रिया लिख दूँ। यदि उन्हें पसन्द आ जाएँ, तो यह उन्हीं की मान ली जाएँ।

जहाँ तक माचवे जी का सवाल है, वे मेरे विश्वास को इस तरह झुठला नहीं सकते। उन्हें कविता तो लिखनी ही होगी—चाहे वे हवाई जहाज में सफर करते हुए लिखें या दातौन करते हुए।

फिलहाल यह कविता उनकी मंजूरी के लिए पेश करता हूँ—

मुक्तिबोध की बीमारी पर

० प्रभाकर माचवे

तार-सप्तक, लेख, कविता, डायरी, कामायनी

पुनर्विचार

सुन रहा हूँ हो गये तुम बन्धुवर बीमार।
याद है उज्जैन, शिप्रा, महाकालेश्वर
नहीं गये कभी रामेश्वर ?
लन्दन, टोरन्टो, पेरिस, न्यूयार्क, बुडापेस्ट

जाओगे, जाओगे मेक नो हेस्ट
किया था न्यूयार्क रेडियो से दो घण्टे कविता पाठ
क्या बात है ! खूब है इमेज और थाट !
तुम बीमार हो सुनकर दुःखी हम
ट्वीडलडम TWEEDLEDUM

[बस स्टैंड पर लिखित]

निवेदन है कि 'कवि न होहूँ नहिं चतुर कहाऊँ'—इसलिए इसमें भाषा-दोष और छन्द-दोष वगैरह हो सकते हैं। पर हमें तो कविता की आत्मा देखनी चाहिए। अब और कुछ लेखकों-कवियों की तरफ से मसौदे पेश करता हूँ।

श्री मैथिलीशरण गुप्त (हिन्दी के दद्दा)

रोग-शोक, आधि-व्याधि का घर है मानव-देह,
हे राम, उसे चंगा करो, बरसा औषध-मेह

श्री जैनेन्द्र कुमार

रोग क्या है ? और नीरोग कैसा ? रोग में नीरोग है और नीरोग में रोग है। जीना जिसे कहा जाता है, उसका यही भोग है। हम सभी रोगी हैं। हम स्वस्थ हैं—यह सोचना ही रोग का लक्षण है। रोग नहीं तो स्वस्थ होने की चेतना क्यों ? हम न रोगी हैं न स्वस्थ हैं। हम मात्र हैं। और यह होना भी एक रोग है। ['समय और तुम' से]

श्री माखनलाल चतुर्वेदी (हिन्दी के दादा)

मेरे कवि, मेरे मनमोहन, मेरी मनुहारों और दुलारों के देवता ! जिसकी सूझें पंख पसारे प्रतिभा के आकाश में उड़ रही हैं, जिसका ईमान पीढ़ियों को बल दे रहा है, जिसके बोल कोटि-कोटि कण्ठों की जबानी गा रहे हैं, जिसकी आन और बान पर पीढ़ियाँ बलिपंथी होती हैं, जिसके पेट के ऊपर हृदय और उसके भी ऊपर मस्तिष्क है—वह दुलारा कवि बीमार है। वह जल्दी अच्छा हो और तरुणाई के सपने सँजोए।

अमृतराय (हिन्दी के राजकपूर)

एक जमाना था, जब मुक्तिबोध और मैं—'हंस' में काम करते थे। मेरा बाप प्रेमचन्द उन दिनों जिन्दा था ('वसुधा' में प्रकाशित प्रेमचन्द-सम्बन्धी एक लेख का शीर्षक अमृतराय ने 'मेरा बाप' दिया था)। प्रेमचन्द से मुक्तिबोध ने सरलता सीखी और मैंने भाषा। प्रेमचन्द कलम के सिपाही

थे; मैं कलम का कप्तान हूँ। सुना है मुक्तिबोध बीमार है। मेरी शुभ-कामनाएँ उनके साथ हैं।

ख्वाजा अहमद अब्बास

(तर्ज हिन्दी ब्लिट्ज की 'आजाद कलम')

शायर बीमार हैं।

जनता का शायर बीमार है; कवि बीमार है।

भूखी जनता, नंगी जनता, बेघर जनता, बेसर जनता, बेपैर जनता का शायर बीमार है—

आज शेक्सपियर बीमार है, मिल्टन बीमार है, बायरन बीमार है, शेली बीमार है, कीट्स बीमार है, व्हिटमैन बीमार है, मायकोवस्की बीमार है, रवीन्द्र बीमार है, गालिब बीमार है, जौक बीमार है—मगर—

जैसा किसी फिल्म के गाने में कहा गया है—दुनिया के लोग, ए दुनिया के लोगो, लो हिम्मत से काम। सबकी खबर रखने वाला है राम। जमाना बदलेगा। यह तारीक रात खतम होगी और सारे जमाने में सेहत का सूरज चमकेगा, आफताब चमकेगा, दिनकर चमकेगा, भगवान भास्कर चमकेगा।

सेहत का सूरज सड़क पर, गली पर, महल पर, और झोपड़ी पर चमकेगा। बागीचे, नदी और तालाब पर चमकेगा। पहाड़ों और समन्दरों पर चमकेगा। जेलखाने और कचहरी पर चमकेगा। जच्चाखानों और अस्पतालों पर चमकेगा।

और तब सब सेहत पाएँगे—गरीब और अमीर सेहत पाएँगे, बूढ़े, बच्चे और औरतें सेहत पाएँगी। बाबू, मुंशी, मेहनतकश और मज़दूर को सेहत मिलेगी। शायर, फनकार, अदीब और नक्काश को सेहत मिलेगी।

जिन्दगी हँसेगी—बस चंद दिन और मेरी जान चंद ही दिन और!

हमारे सिर पर सूरज होगा। हम सब खुशी से नाचेंगे, गाएँगे। और हम उस सूरज से कहेंगे—चौदहवीं का चाँद हो, या आफताब हो। जो भी हो तुम खुदा की कसम लाजवाब हो।

सोहनसिंह 'जोश' (तर्ज लेफ्ट-सेक्टेरियन)

साम्राज्ञी भेड़ियों ने और सरमायादारी के गुर्गों ने आखिर एक तरक्की-पसन्द शायर को लकवा लगा ही दिया। हम जनता के दुश्मन इन साँपों का

मुँह कुचलना है। हमें एक होकर इस हमले का मुकाबला करना है। कोई बात नहीं, बाश्शाओ! जिन्दाँ से निकलने की खातिर पाबन्दए जिन्दाँ और सही!

भई, अभी इतनी ही रचना कर सका हूँ। इतना करके ही मुझे डर लगने लगा है और मैं इन सबसे क्षमा-याचना के 'मूड' में आ गया हूँ। फिर भी इसे भेज तो रहा ही हूँ।

आपका
ह० शं० प०

उन्नीस

प्रिय बन्धु,

आजकल नित्य ही कहीं-न-कहीं 'कहानी' पर बहस होती है और बड़े मजे के वक्तव्य सुनने को मिलते हैं।

एक दिन मैं एक 'क्लासिकल' होटल में चाय पी रहा था। क्लासिकल होटल वह है, जिसमें जलेबी दोने में दी जाती है और पानी ऊपर से पिलाया जाता है। आधुनिक होने के लिए ऐसे होटल चाय भी रखने लगे हैं। मैं बैठा-बैठा एक पत्रिका के पन्ने पलट रहा था। मेरी नज़र दिल्ली में हुई 'मनीषा' की गोष्ठी की रपट पर पड़ी। मैंने पढ़ा, डॉ० नामवरसिंह ने कहा कि 'नई कहानी' मेरा दिया हुआ नाम नहीं है। कौन कहता है कि मैंने 'नई कहानी' का नाम चलाया। इसी समय मेरी नजर दीवार पर टँगे रवि वर्मा के उस चित्र पर पड़ी जिसमें मेनका विश्वामित्र को अपनी (और ऋषि की भी) लड़की दे रही है और विश्वामित्र परेशान हो हाथ उठाकर उसे अस्वीकार कर रहे हैं। अवैध सन्तान के बाप की घबड़ाहट मुझे समझ में आती है। मुझे विश्वामित्र और नामवरसिंह की अदा में एक साम्य दिखा। यों, मैं जानता हूँ कि नामवरसिंह 'नई कहानी' के पिता नहीं हैं, मगर लोग खूबसूरत बच्चे को गोद भी तो ले लेते हैं। अगर 'नई कहानी' खूबसूरत बच्ची है और नामवरसिंह में अतृप्त वात्सल्य है, तो गोद ले लेने में क्या हर्ज है? लोक-लाज से इतना थोड़े ही घबड़ाया जाता है! अब उनका क्या होगा, जो दसों सालों से इस दम पर कहानी लिख रहे थे कि डॉ० नामवरसिंह उसे नई कहानी कहते हैं! जो भरोसा करके साथ हो ले,

उसे इस तरह बियाबान में तो किताब बेचने वाले भी नहीं छोड़ते। फिर डॉ० साहब तो आलोचक हैं।

दूसरा आकर्षक वक्तव्य श्रीकान्त वर्मा ने दिया। उन्होंने कहा कि कविता लिखना ऊँचे दर्जे का काम है और कहानी लिखना घटिया काम है; कवि जब ऊँचा काम करना चाहता है, तब कविता लिखता है और घटिया काम करना चाहता है, तब कहानी लिखता है। किसी कवि के मन में कोई घटिया काम करने की, जैसे जेब काटने की, इच्छा हो, तो वह जेब न काटकर एक कहानी लिख लेगा। मात्र कहानीकार और कवि-कहानीकार में यही अन्तर है। मात्र कहानीकार जेब काटने की इच्छा होने पर जेब काटेगा, मगर कवि कहानी लिखेगा। यही बात काहनीकार कवि पर लागू होती है। 'अश्क' कहानीकार हैं, मगर जब-जब उनकी इच्छा कोई घटिया काम करने की हुई है, जैसे पीछे से किसी को लत्ती मार देने की, उन्होंने कविता लिख दी है। राजेन्द्र यादव भी कभी-कभी फौजदारी मामले को टालने के लिए कविता लिखते हैं।

श्रीकान्त ने सिर्फ दो को नया कहानीकार माना है। इससे अधिक उदार तो कुँवरनारायण हैं, जिन्होंने पाँच को माना है। कुँवरनारायण ने श्रीकान्त का भी नाम लिया है, मगर श्रीकान्त ने उनका नाम नहीं लिया। दोस्ती क्या इसी तरह निभती है? श्रीकान्त पिछले १० सालों से मेरा बड़ा प्यारा दोस्त है, मगर उसने मेरा नाम भी नहीं लिया। साहित्य के मूल्यांकन में अगर लोग दोस्तों को ही भूल जाएँगे, तो मान-दण्ड कैसे स्थिर होंगे? आलोचना के क्षेत्र में अराजकता का यही तो कारण है कि कुछ लोग दोस्तों को हमेशा याद रखते हैं और कुछ लोग हमेशा भूल जाते हैं।

इस गोष्ठी में एक और कहानी का जन्म हुआ, जिसका नाम रखा गया 'सचेतन' कहानी। अब 'नई कहानी' और 'सचेतन कहानी' की व्यूह-रचना हो रही है। लेकिन आगे हर ६ महीने में कहानी के लिए एक नए नाम की ज़रूरत पड़ेगी। ऐसे नाम अभी से सोचकर रखने चाहिए। कुछ नाम मैं सुझाता हूँ—

अचेतन कहानी, रेचन कहानी, विरेचन कहानी, विवेचन कहानी, रामावतार चेतन कहानी।

मुझे अब यह समझ में आने लगा है कि कहानी लिखना कोई अच्छा काम

नहीं है। मगर अच्छा काम तो जेब काटना भी नहीं है। फिर उसे लोग क्यों करते हैं? क्योंकि पैसे मिलते हैं, कहानी लिखने से भी पैसे मिलते हैं न!

पिछला महीना दिलचस्प वक्तव्य का महीना था। डॉ० प्रभाकर माचवे ने कहीं कहा कि रोटी से आदमी के विचार नहीं बनते। बात बिल्कुल ठीक है। मगर मेरा नम्र निवेदन है कि रोटी पर जो घी चुपड़ा जाता है, उससे तो बनते होंगे।

अभी पिछले महीने की 'ज्ञानपीठ पत्रिका' मेरे हाथ में आ गई। करतारसिंह दुग्गल ने लेख लिखा है कि मैं क्यों लिखता हूँ वे क्यों लिखते हैं, देखिए—

"मैं लिखता हूँ क्योंकि दिल के इस कोने में एक दुलहिन छिपी बैठी है। इस हसीना का आशकार करना है। इसके यौवन की एक झलक दिखाना है।"

—हाय-हाय!

काश, हमारे दिल के उस कोने में भी बैठी होती! या हमें वह कोना मालूम होता, जहाँ वह अक्सर बैठा करती है।

बन्धु, दुग्गल जी जैसे सहज भाग्यशाली सब थोड़े ही हैं।

पत्र समाप्त होता है। अब एक मिथ्या औपचारिक वाक्य लिखना बाकी है—आशा है आप सानन्द हैं।

सस्नेह

ह० शं० प०

बीस

प्रिय बन्धु,

मैं जो ये चिट्ठियाँ आपको लिखता हूँ इनके बारे में एक मित्र का कहना है कि ये बहुत सीधी-सी होती हैं यानी गऊ चिट्ठियाँ होती हैं। मैंने उनसे पूछा यानी कैसी चिट्ठी लिखी जाए। उन्होंने सम्पादक के नाम पत्र वाले स्तम्भ की परम्परा बताई और कहा, कुछ ऐसा लिखो, अजी सम्पादक जी महाराज, जय बम भोले की! आगे जो है सो जानना कि मैं कल शाम को एक लोटा भंग छानकर खटिया पर लेटा, तो मुझे तीनों लोकों में लेखकों के तम्बू गड़े दिखने लगे। हर तम्बू के सामने तलवार लिए साहित्य का संतरी खड़ा है और भीतर साहित्य के नवाब जलतरंग सुन रहे हैं। इतने में बिगुल बजने लगा, साहित्य के सिपाही लड़ने लगे और साहित्य

के साहब चिक उठाकर देखने लगे।

मैंने कहा—मुझसे ऐसा लिखते नहीं बनेगा।

मित्र बोले—कैसे बनेगा? विजया छानो तो ऐसा लिख सकते हो। तुम लोगों में मस्ती नहीं है, पस्ती है। हम लोग न विजया छानते, न 'भारत भारती' ढालते।

मैंने टोका—यह 'भारत भारती' क्या है? यह तो राष्ट्रकवि के आदि-ग्रन्थ का नाम है। हमने भी तब गाया था—भगवान् भारतवर्ष में गूँजे हमारी भारती।

मित्र ने कहा—हम तो देशी शराब को 'भारत भारती' कहते हैं, विदेशी को 'आंग्ल भारती'। गाँजे को 'शीघ्रबोध' कहते हैं और यह 'तुरती' से अधिक सुसंस्कृत नाम है। तुम बदरीविशाल पित्ती को लिखना। वे हिन्दी के लिए लड़ने वाले हैं। उन्हें ये नाम ज़रूर पसन्द आएँगे।

बन्धु, मैं उसके आदेशानुसार लिख रहा हूँ। उस वक्त तो मैंने उन्हें एक-दो नाम खुद सुझा दिए।

मैंने कहा—अफीम को 'लघु-कॉमुदी' कह सकते हो। और अगर राष्ट्र-कवि के ग्रन्थों पर से ही नशों के नाम रखना है, तो चरस को 'जयद्रथवध' क्यों नहीं कहते?

वह हिन्दी पारिभाषिक शब्दावली को मेरी देन स्वीकार करके चला गया और मैं पूरे होशोहवास में आपको यह सीधा-सा पत्र लिखने बैठ गया। 'क ख ग' में प्रकाशित आपका लेख 'साहित्यिक पत्रकारिता' अभी पढ़ा है। पहले तो सोचा कि लेख की तारीफ कर दूँ, पर फिर विवेक के कहने से इरादा त्याग दिया। सम्पादक की तारीफ करने में खतरा यह रहता है कि वह उसे पाठकों के पत्र में छाप देता है। गैर-सम्पादक लेखक के साथ यह डर नहीं रहता।

इस लेख में आपने बड़े दर्द से लिखा है कि हिन्दी लेखकों में आत्म-सम्मान नहीं है। मेरा आपसे मतभेद है। शायद आप इस शब्द का वह अर्थ नहीं निकालते, जो आम लेखक निकालते हैं। गलत अर्थ-बोध के कारण आप व्यर्थ दुःखी होते हैं और सही अर्थ निकालने के कारण हम सुखी हैं। आत्म-सम्मान का अर्थ हुआ, अपना सम्मान करना अथवा लेना। इस अर्थ में तो मुझे चारों तरफ हिन्दी में आत्म-सम्मान ही आत्म-सम्मान दिखता

है। बहुत कम लेखक ऐसे मिलेंगे, जो सम्मान लेने में कमजोर पड़ेंगे।

आत्म-सम्मान की समस्या वहाँ खड़ी होती है, जहाँ लेखक देखता है कि दूसरे मेरा सम्मान करने की तरफ कुछ ध्यान नहीं देते। वह इस चुनौती को स्वीकारता है और 'आत्म-सम्मान' के लिए कमर कस लेता है। कठिनाइयाँ कितनी भी सामने आएँ, वह अन्ततः आत्म-सम्मान करने-कराने में सफल हो ही जाता है।

जो बहुत समर्थ हैं, वे तो अपने अभिन्नदन का आयोजन स्वयं कर लेते हैं। खुद धन का इन्तजाम कर देते हैं, अभिन्नदन ग्रन्थ छपवा देते हैं और चार आदमी बुलाकर उनके हाथ से ले भी लेते हैं।

लेकिन जो इतने सामर्थ्यवान नहीं हैं, वे भी आत्म-सम्मान के रास्ते निकाल लेते हैं। आचार्यों की चंगुल में ज्योंही कोई शोध-छात्र फँसा कि वे उससे लेख लिखवाना शुरू करवा देते हैं—'आचार्य अमुक की समीक्षा-शैली।' एक भी पी-एच० डी० आपको हिन्दी में नहीं मिलेगा, जो ऐसे लेख लिखे बिना डिग्री पा गया हो।

खुद अपने बारे में लेख लिखकर उसे किसी दूसरे के नाम से छापने भेज देना तो आत्म-सम्मान की क्लासिकल शैली है। यह युग परीक्षित है और—और युग स्वीकृत भी।

इधर आत्म-सम्मान की कुछ नई शैलियाँ भी प्रकट हुई हैं। जब मैं एक विद्यालय में पढ़ाता था, तो एक प्रतिष्ठित प्रौढ़ लेखक-कवि मुझसे कहते थे कि अपने विद्यार्थियों से कहना कि परीक्षा में 'मेरा प्रिय कवि' पर लेख लिखने को कहा जाए, तो मेरे विषय में लिखें। अपने बारे में एक लेख उन्होंने मुझे लिख करके दिया भी था। मैंने लड़कों को वह लिखा दिया। परीक्षा में यह पूछा भी गया क्योंकि प्रश्न-पत्र उक्त लेखक ने ही निकाला था। जब लेखक इतना सतर्क है कि परीक्षा कापी में भी यश खोजता है, तब आप कैसे कहते हैं कि लेखकों में आत्म-सम्मान नहीं है।

'तू मेरी तारीफ कर; मैं तेरी करूँ'—वाली आत्म-सम्मान की शैली तो सर्वविदित है ही। यह पुरानी होकर भी नई है। देवताओं की भी यही शैली है। शिव उमा से राम की तारीफ करते थे और राम सीता से शिव की। दोनों देवता गुट बनाकर चलते थे।

और भी शैलियाँ हैं। मेरे एक मित्र ने मुझे बताया कि हिन्दी में ऐसे

शोध-प्रबन्ध भी लिखे जा रहे हैं, जिनमें छात्र अपने बड़े भैया, उनके २-४ दोस्त और डिग्री दिला देने वाले अध्यापक के ही नाम भरता है; बाकी कुछ नहीं। यह भी सोचता हूँ कि अगर छोटा भाई शोध-प्रबन्ध लिख डाले तो अपने कृतित्व से चाहे 'शोक-समाचार' के बाद ही मर जाऊँ, पर प्रबन्ध में तो अमर हो ही जाऊँगा।

तो बन्धु, आपको हिन्दी जगत् की सही जानकारी नहीं है। कोई आत्म-सम्मान की तरफ से गाफिल नहीं है।

आप शायद इस बात से दुःखी हैं कि लाभ पाने के लिए लेखक झुकते हैं, जी हुजूरी करते हैं, चापलूसी करते हैं। दाता की प्रशंसा अपनी पुरानी परम्परा है। आज यदि लेखक इनाम पाने, नौकरी पाने और तरक्की पाने के लिए थोड़ा कर लेता है, तो क्या बुरा है?

मैं पिछली मई में बस से यात्रा कर रहा था। बस सरकारी थी। बस का ड्राइवर बड़ा अक्खड़ और जिन्दादिल आदमी था। रास्ते में एक जगह सड़क के किनारे सागौन की एक बल्ली कटी पड़ी थी। उसने बस रोकी और कण्डक्टर से कहा— यार जमना, हफ्ते-भर से यह बल्ली यहाँ पड़ी है। पड़े-पड़े इसका 'कैरेक्टर' (आचरण) खराब हो रहा है। इसे उठा लो। कण्डक्टर ने बल्ली उठाकर बस पर रख ली।

बीच के एक स्टेशन पर बस रुकी। सवारियाँ पानी पीने और पान खाने के लिए उतरीं। सामने की चाय की दूकान पर उस समय दूसरी बस से उतरे राज्य परिवहन के एक अफसर खड़े थे और उसके आसपास एक-दो ड्राइवर-कण्डक्टर थे, जो साहब के बच्चे से पूछ रहे थे—'बाबा, जलेबी खाओगे?' कुछ राजनीतिक बात चल पड़ी। साहब के किसी मत से हमारा ड्राइवर भनभना उठा और उसने साहब को राजनीति समझाना शुरू कर दिया। १०-१५ सुनने वाले उसकी बात से सहमत और प्रभावित हो गए। और साहब की बोलती बन्द हो गई और पानी धीरे-धीरे उतरने लगा।

बस रवाना होने का समय आया, तो वह कर्मचारी जो साहब की बातों पर दाँत निपोर रहा था और बाबा से जलेबी खाने का आग्रह कर रहा था, साहब के साथ बस की तरफ चला।

मैं उसके ठीक पीछे था। मैंने सुना, उस कर्मचारी ने कहा—'साहब, यह ड्राइवर यूनियन में है!'

मुझे विश्वास है, कहने वाले की तरक्की हुई होगी और उस मेरे ड्राइवर को नुसाकन पहुँचा होगा।

जिन लेखकों के कारण आप परेशान होते मालूम होते हैं, वे सिर्फ यह कहते हैं—'साहब, हम यूनियन में नहीं हैं, बाकी सब यूनियन में हैं।'

पुरस्कार का मौका होता है, तो ये कहते हैं—'साहब, अमुक तो यूनियन में है। उसे पुरस्कार कैसे? हम यूनियन में नहीं हैं।'

ऊँची नौकरी का मौका आता है, तो ये कहते हैं—'साहब, हम यूनियन में नहीं हैं।'

तरक्की का मौका आता है, तब ये कहते हैं—'साहब, हम यूनियन में नहीं हैं। फलाँ तो यूनियन में है।'

कुल इतना इशारा ये करते हैं और इनका फायदा हो जाता है।

मगर ये भी तो आखिर आत्म-सम्मान करते हैं।

नहीं जनाब, आपकी चिन्ता व्यर्थ है। सब अपना-अपना आत्म-सम्मान सम्भाल रहे हैं।

आपका

ह० शं० प०

इक्कीस

प्रिय बदरी विशाल जी,

जब यह चिट्ठी हैदराबाद पहुँचेगी, तब आप शायद जेल में होंगे। आपने महँगाई के खिलाफ सत्याग्रह किया है, ऐसा मैंने अखबारों में पढ़ा था।

एक 'सज्जन' मुझसे कह रहे थे कि आप साहित्यिक लोग महँगाई, मुनाफाखोरी वगैरह के चक्कर में क्यों पड़ते हैं? आप लोग तो कलाकार हैं। आपको तो सुन्दर-सुन्दर कल्पनाएँ करनी चाहिए। आप लोग इन क्षुद्र भौतिक चीज़ों में क्यों पड़ते हैं।

उन 'सज्जन' की बात ध्यान देने योग्य है। मैंने क्षुद्र भौतिक चीज़ों को बिल्कुल छोड़ दिया है और मैं भावना खाता हूँ, कल्पना पीता हूँ, दर्शन का नाश्ता करता हूँ और कला के कपड़े पहनता हूँ। मुझे गेहूँ और चावल के भाव से मतलब नहीं। शक्कर बाजार में है या नहीं—इसका मुझे कोई ज्ञान नहीं।

बन्धु, आप भी व्यर्थ ही जेल गए। मुनाफाखोरी, कालाबाजारी वगैरह तो हमारी संस्कृति में है; बहुत पहिले से है। सब जानते हैं कि कृष्ण 'माखन मिश्री' खाते थे। माखन-शक्कर क्यों नहीं खाते थे? किसी ने इस पर विचार किया है? बात यह है कि गोकुल के व्यापारियों ने शक्कर दबा ली थी। बाजार में शक्कर थी नहीं, और जो थी भी वह काला-बाजार में बिकती थी। इसीलिए योगिराज भगवान् कृष्ण को मिश्री खानी पड़ी; जैसे हम लोग गुड़ की चाय पीते हैं। जिन व्यापारियों ने भगवान् के अवतार को शक्कर नहीं मिलने दी, वे अगर हमें गेहूँ-चावल से वंचित करें आश्चर्य क्या है? और अनुचित भी क्या है? यह तो होता आया है, भगवान् के सामने हुआ है; बल्कि भगवान् ने खुद भुगता है।

मुझे और कारणों से भी आप लोगों के महँगाई-विरोधी आन्दोलन गलत लगते हैं। सरकार के नेताओं ने और सरकार के बाहर के नेताओं (जैसे अतुल्य घोष) ने कहा है कि महँगाई तो विकासशील अर्थव्यवस्था का लक्षण है। अब अगर हमें अर्थव्यवस्था का विकास करना है, तो महँगाई और बढ़ानी होगी। इन आन्दोलनों का नतीजा अगर यह निकला कि महँगाई कम हो गई, तो इसका अर्थ हुआ कि आर्थिक विकास रुक गया। इसलिए जो लोग भी महँगाई कम करने की माँग करते हैं। वे सब देश के आर्थिक विकास को रोकना चाहते हैं। ऐसे लोगों को जेल में न डाला जाए तो क्या उन्हें सरकार सौंप दी जाए?

दूसरी बात यह है कि आप लोगों को अभी यही नहीं मालूम कि देश की हालत इतनी खराब क्यों है? आप लोग अर्थ-शास्त्र, राजनीति-शास्त्र, समाज-शास्त्र वगैरह पढ़कर अपने-आपको 'वैज्ञानिक' दृष्टि वाला समझकर विश्लेषण करते हैं और निष्कर्ष निकालते हैं। मगर सच्चा शास्त्र आप लोगों ने नहीं पढ़ा। वह गुरु गोलवलकर ने पढ़ा है इसीलिए उन्हें साफ समझ में आ रहा है कि सारी खराबी का कारण यह है कि धर्म का ह्रास हो गया है। उन्होंने हाल के एक भाषण में कहा भी है—धर्म अगर रहता तो गड़बड़ होती ही नहीं। तब मैं, जिसके पूर्वज ब्राह्मण कहलाते थे, सत्यनारायण की कथा कहता और भीख माँगता। आप साहित्य में न पड़कर खाता-बही लिखते और धंधा करते। तब लालबहादुर 'शास्त्री' नहीं हो सकते थे क्योंकि कायस्थ को शास्त्र पढ़ने का अधिकार ही नहीं होता।

सब अपनी-अपनी जगह होते और अपना-अपना काम करते।

आप लोग सरकार से आखिर यह माँग क्यों करते हैं कि वह अनाज का व्यापार अपने हाथ में ले और बैंकों का राष्ट्रीयकरण करे ? गुरुजी ने हाल ही में कहा है कि सरकार का काम व्यापार करना नहीं है; सरकार कोई बनिया नहीं है ! आप पूछेंगे कि फिर सरकार का क्या काम है ? देखिए, सरकार का काम है, फौज इकट्ठी करके किले जीतना। आज रायगढ़ के किले पर हमला कर दिया, कल सिंहगढ़ जीत लिया, परसों सूरत को लूट लिया। यह सरकार किले तो जीतती नहीं है, बनियागिरी करना चाहती है। जनता के लिए अनाज और शक्कर की जिम्मेदारी न महाराज शिवाजी ने ली न राणाप्रताप ने और न छत्रसाल ने। फिर वर्तमान युग की सरकारों से आप लोग यह क्यों कराना चाहते हैं ?

मेरा तो यह सुझाव है कि इस झंझट को यहीं खतम कर देना चाहिए। सरकार बिलकुल इस मामले से हट जाए। जो गेहूँ अमरीका और केनेडा से बुलवा लिया है; उसमें से उन व्यापारियों का गेहूँ वापिस कर दे जिनका छिपा गेहूँ जब्त किया था। उनसे सरकार माफी माँगे, कहे—लो भाई, अपना गेहूँ। इसे फिर से दबा लो। सरकार—वर्णाश्रम धर्म को भूल गई थी, इससे गलती हो गई। फिर भी गेहूँ बच जाए, तो अखबारों में विज्ञप्ति छपा दे कि गेहूँ आ गया है; जिन व्यापारियों को दबाना हो, वे आकर बन्दरगाहों से ले जाएं। ऐसा करने से एक धर्मसम्मत व्यवस्था तो कायम हो ही जाएगी।

बन्धु, आप तो जानते ही हैं कि दाने-दाने पर खाने वाले का नाम लिखा रहता है। अगर मेरा नाम केलिफोर्निया के गेहूँ के दाने पर लिखा है तो मुझे भारत का गेहूँ खाने के लिए कैसे मिल सकता है ? आखिर ईश्वरीय विधान भी तो कोई चीज है ? जब पाकिस्तान के चावल पर अपना नाम लिखा है, तो भारत में पैदावार बढ़ाने से क्या होगा ?

मुझे तो ऐसा लगता है कि जब हमारा नाम अमरीकी गेहूँ पर ही लिखा है तो क्यों न भारत सरकार केलिफोर्निया में कुछ खेत ले ले और अपने देश की खेती उन खेतों पर हो। भारत का कृषि विभाग अगर केलिफोर्निया में अन्न उत्पादन कराए तो क्या हर्ज है। जब अमरीका दूसरे देशों में सैनिक अड्डे बना लेता है, तो क्या हम अमरीका में अपनी खेती

भी नहीं कर सकते ? हमने देख लिया कि भारत की भूमि तो कुछ देती नहीं। इसलिए जहाँ की भूमि देती है वहीं हमें खेत खरीद लेना चाहिए। हमारे गेहूँ के खेत अमरीका और केनेडा में हों, चावल के खेत बर्मा और पाकिस्तान में और गन्ने की खेती हम मलेशिया में करें। तब कम-से-कम यह सन्तोष तो रहेगा कि अपने खेतों की उपज हम खा रहे हैं।

मुझे विश्वास है कि इस चिट्ठी को पढ़कर आपको अपने आन्दोलन की व्यर्थता समझ में आ जाएगी।

इस बार मैंने साहित्यिक जगत की हलचल के बारे में नहीं लिखा। बहुत लोग इन आखिरी पृष्ठों को पलटाएँगे और निराश होंगे। कुछ प्रसन्न भी होंगे।

आशा है, कारागार में कोई महाकाव्य आप ज़रूर लिख रहे होंगे।

बुजुर्गों ने कहा है—

कारागार निवास स्वयं ही काव्य है।
कोई कवि बन जाय सहज सम्भाव्य है।।

सस्नेह

ह० शं० प०

बाईस

प्रिय बन्धु,

पिछले महीने आपको पत्र नहीं लिख सका। बात यह हुई कि ११ तारीख को मुक्तिबोध जी की मृत्यु हो गई और मैं दिल्ली चला गया। वहाँ जाकर देखा कि मुक्तिबोध तो महान मान लिए गए। मुझे कल्पना हुई कि मुक्तिबोध अपने खास लहजे में इस पर यों प्रतिक्रिया व्यक्त करते—'वाह पार्टनर, यह भी बड़े मज़े की बात है। वह साहब ! यह भी खूब है !' मुक्तिबोध जब मृत्यु के पास पहुँच गए, तब बताने वालों ने बताया कि यह तो असाधारण है। और जब उनकी मृत्यु हो गई तब बताया कि वह तो महान् था। जो इतने सालों से कहते रहे थे कि मुक्तिबोध कविता नहीं लिखते, भाषण देते हैं, वे भी जय बोलते पकड़े गए। मार्क्सवादी विश्वासों के कारण जो उन्हें कवि नहीं मानते थे, वे भी कहने लगे कि उन विश्वासों के 'बावजूद' वह बड़ा कवि था। और जो प्रगतिशील कठमुल्ले, सिर्फ नारों

की समझ के मालिक होने के कारण, उनके विकट बिम्बों को और उन्हें गूँथते विचारों को नहीं समझते थे, वे भी मानने लगे कि हाँ, यह बड़ा कवि था।

मुझे मुक्तिबोध की आवाज़ सुनाई देती है—'वाह पार्टनर, ज़रा यह मज़ा भी देखो। वाह साहब, यह भी खूब रही।'

मैं सोचता हूँ, अगर मुक्तिबोध जीवित रह जाते, तो क्या होता? तो क्या लोग सही बात बतलाते? मुझे शक है, अभी और दबाए रहते। और अगर एक मुख्यमन्त्री और प्रधानमन्त्री उन्हें विशेष व्यक्ति के रूप में मानकर उनकी चिकित्सा में दिलचस्पी न लेते तो? मुझे शक है, बहुत शक है—कि यदि वे मालूली अस्पताल के जनरल वार्ड के किसी बिस्तर पर पड़े-पड़े दम तोड़ते, तो भी लोग कुछ समय और उनके बारे में सत्य को दबाए रहते। सही मूल्यांकन के लिए अभी भी लेखक को कितनी परिस्थितियाँ पैदा करनी पड़ती हैं—कठिन बीमारी, मुख्यमन्त्री, प्रधानमन्त्री, मौत! मुझे पता है कि जो ५०-६० मील भोपाल देखने नहीं आए, वे विह्वल होकर ४०० मील दिल्ली दौड़ते गए—लगभग मूर्च्छित-से होकर! प्रधानमन्त्री ने मरने वाले को बुलाया था न!

मुझे मुक्तिबोध का अट्टहास फिर सुनाई देता है—'वाह साहब, यह भी खूब है!'

इस बात को यहीं छोड़ता हूँ।

एक नई बात हुई। अभी उस दिन मुझे कृष्णचन्द्र का गधा मिल गया। वही गधा, जिसने अपनी आत्म-कथा लिखी है।[1]

मुझे वह सड़क पर मिल गया। मैंने पूछा—कहिए गधा जी, कहाँ से आ रहे हैं?

वह नाराज-सा होकर बोला—क्या तुम नहीं जानते? तुमने क्या मेरी किताब नहीं पढ़ी? मैं अभी नेफा से आ रहा हूँ।[2]

मैंने पूछा—क्या किया वहाँ?

वह बोला—वहाँ मैंने देशभक्ति का उपदेश दिया। फिर सीमा पार

---

१. सन्दर्भ : 'एक गधे की आत्म-कथा'।

२. सन्दर्भ : 'एक गधा नेफा में' (कृष्णचन्द्र)।

करके चीन चला गया और वहाँ चाऊ-एन-लाई से भी मिला। उससे मैंने बातचीत की।

मैंने कहा—यह तो तुमने ठीक किया। मगर इससे निष्कर्ष ऐसे निकल सकते हैं, जिनसे तुम भी आफत में पड़ सकते हो और अपने लेखक को भी डाल सकते हो।

गधे ने कानों के प्रश्न-चिन्ह खड़े कर लिए और आदतन उत्सुकता से देखने लगा।

मैंने कहा—तुम्हारे इस बयान से यह मतलब निकल सकता है कि चीनी हमले के बाद देशभक्ति के उपदेश गधे देते थे और चीनी नेताओं से वार्ता करने भी गधे गए थे।

उसने कहा—यह मतलब कहाँ से निकलेगा?

मैंने कहा—तुम्हारे इस प्रकाशित बयान से। अच्छा, बताओ, चीन की तरफ से किसने बात की?

—चाऊ-एन-लाई ने।

—और अपनी तरफ से?

—मैंने।

मैंने कहा—फिर?

वह बोला—लेकिन मैंने इस नजरिए से इस चीज़ को देखा ही नहीं।

मैंने कहा—यही तो बात है, गधा परशाद जी, कि जो नजरिया बन गया सो बन गया। दुनिया बदल जाए, पर नजरिया नहीं बदल सकता। पत्थर की आँख है, जिसकी पुतली नहीं हिलती।

मैंने सोचा, यह कृष्णचन्द्र का गधा है; इसे बहुत-सी अन्दरूनी बातें भी मालूम होंगी। इससे कुछ जानकारी हासिल कर लूँ।

मैंने कहा—एक प्रतिष्ठित प्रगतिशील लेखक के गधे होने के कारण, तुम्हें प्रगतिवादी आन्दोलन की बहुत-सी बातें मालूम होंगी। ज़रा यह तो बताओ, पहले कुछ प्रगतिवादी होते थे और कुछ प्रतिक्रियावादी होते थे और वे एक-दूसरे पर प्रहार करते थे और भिन्न-भिन्न भाषाएँ बोलते थे। मगर अब ऐसा क्यों होता है कि दोनों तरह के बुज़ुर्ग एक ही मोर्चे पर आ जाते हैं, एक ही भाषा बोलते हैं और पिछले १०-११ वर्षों के साहित्य को निकृष्ट कहते हैं?

गधे ने कहा—इसमें अचरज की क्या बात है ?

मैंने कहा—यही कि अगर मान-मूल्यों की ही बात होती, तो जो प्रगतिवादी के लिए 'बुरा' होगा, वह प्रतिक्रियावादी के लिए 'अच्छा' होगा। ऐसा ही तो होता आया है। अब क्यों नहीं होता ? क्या सब सयाने प्रगतिशील प्रतिक्रियावादी हो गए हैं या सब पुराने प्रतिक्रियावादी प्रगतिशील हो गए हैं ?

गधे ने समझदारी से सिर हिलाया। बोला, मैं समझा। तुम्हारा मतलब यह है कि पिछले १०-१२ वर्षों के लेखन को शिवदानसिंह चौहान भी कोई 'उपलब्धि' नहीं मानते और वे भी नहीं मानते जो चौहान साहब के विचारों के विरोधी हैं। देखो भाई—।

मैंने टोका—कृपा करके मुझे 'भाई' मत कहो। कोई लेखक सुन लेगा तो बदनामी होगी। लोगों में विनोद-चेतना है नहीं इसलिए किसी मजाक को लेकर वे महीनों सिर धुनते रहते हैं।

गधा बोला—खैर, तुम्हें भाई नहीं कहूँगा। मगर जो पूछा है, वह समझ तो लो। देखो मान-मूल्य कोई साहित्यिक या दार्शनिक ही तो होते नहीं हैं। व्यावसायिक मूल्य भी होते हैं। उनका भी ध्यान रखना पड़ता है। फिर, जैसा तुमने कहा, एक ही तरफ लगातार कई साल देखने से, एक ही बिन्दु देखते रहने से, आँख पथरा जाती है। फिर उसकी पुतली नहीं घूमती। जिनकी पथरा गई है, उनके लिए क्या करोगे ? तुम दूसरी आँखें लगवाने की कोशिश करोगे, तो वे बुरा मानेंगे। वे अपनी आँखों को ठीक मानते हैं। दूसरी बात यह है कि कोई कितनी ही प्रगति बघारे २०-२५ सालों में वह यथास्थिति से चिपक जाता है। उसे पकड़े रहता है। प्रतिक्रियावादी कहलाने वाला तो पहले से ही उसे पकड़े रहता है। दोनों मिलकर उसे जकड़ लेते हैं कि सब यहीं थमा रहे। यही हो रहा है।

वह थोड़ी देर सिर नीचा किए चिन्तन करता रहा और मैं उसकी बात को समझने की कोशिश करने लगा।

उसने सिर ऊँचा किया। बोला—बात समझ में आई ? देखो, यह तो एक चक्र है। हर १०-१५ साल में आगे बढ़ने वाला एक ही जगह पाँव पटकने लगता है। वह 'शास्त्री' हो जाता है। शास्त्री वह जो दुनिया के हालात को सच्चा न माने, शास्त्र-वचन को सच्चा माने। जिन प्रगतिशीलों

ी तुम शिकायत कर रहे हो, वे शास्त्री हो गए हैं। शास्त्र में लिखा है कि रोना विदेशी है और बुर्जुआ प्रवृत्ति है, तो तुम उनके सामने घड़ों रो लो तब भी वे यही कहेंगे——नहीं, तुम नहीं रो रहे हो। तुम्हारे भीतर का विदेशी रो रहा है। देशी और खासकर प्रगतिशील देशी, न रोता है, न निराश होता है, न गाना गाता है। वह सिर्फ 'सरफरोशी' करता है।

गधे ने कान फड़फड़ाए। बोला—अब मैं चला। अपने लेखक को आगे का हाल बताना है। वह इन्तजार कर रहा होगा। उसे चौथी किताब लिखनी है।

गधा चला गया। और मैं थोड़ी देर दुविधा में खड़ा रहा कि इस वार्तालाप की चर्चा किसी से करूँ या न करूँ। चर्चा करने से लोग हँसेंगे कि हम तो शंका-समाधान के लिए परिचर्चा करते हैं, और यह गधे से पूछता है। फिर सोचा कि आपको लिख ही दूँ। लिख रहा हूँ। इसका जो भी मतलब निकले।

सस्नेह

ह० शं० प०

तेईस

प्रिय बन्धु,

पिछले पत्र को पढ़कर कुछ लोगों ने मुझसे कहा कि तुमने मुक्तिबोध का विषय उठाकर उसे बीच में ही छोड़ दिया। इस सम्बन्ध में और लिखा था। लिखने को बहुत है। विचित्र प्रतिक्रियाएँ हिन्दी जगत् में इन महीनों हुई हैं।

मुक्तिबोध जब तक भोपाल में थे, तब तक हिन्दी के लेखक और कवि बेचारे बड़ी दुविधा में थे। जिनकी मुक्तिबोध के प्रति आत्मीयता थी या जो उनके कवि की विराटता को समझते थे, वे तो बिना दुविधा के उनकी सेवा में लगे थे। मगर कुछ के मन में बड़ी धुकधुकी थी। इनमें दो तरह के लोग थे—एक तो वे जो 'अखिल भारतीयता' के लिए बहुत सचेत रहते हैं और दूसरे वे जो जीवन कला में 'आभिजात्य' के लिए हर क्षण सचेत रहते हैं। जिन्होंने घासलेट के तेल की ढिबरी के प्रकाश में चटाई पर बैठकर पढ़ाई की, वे जब 'अभिजात' बनते हैं, तो सच्चे अभिजात से ज्यादा सचेत होते हैं। बेचारे नहीं जानते कि आभिजात्य के संस्कार कई पीढ़ियों में पड़ते

हैं; वे सिर्फ बगीचे में नागफनी लगाने और पर्दों का कपड़ा बदलने से नहीं आते। तो साहब, जो 'अखिल भारतीयता' वाले थे वे सोचते थे कि यह मुक्तिबोध का मामला कुछ 'प्राविंशल' है। (लेखक की प्रार्थना—इस शब्द को बदलकर हिन्दी शब्द न रखें।) अगर हमने इसमें दिलचस्पी ली और यह खबर कहीं दिल्ली, प्रयाग और कलकत्ता पहुँची, तो अपनी बड़ी बदनामी होगी। लेखक हम पर हँसेंगे और हमारे स्तर के बारे में शक करने लगेंगे। हम कैसे मुँह दिखाएँगे! तो बन्धु, ये बेचारे 'जाऊँ' और 'न जाऊँ' की दुविधा में पड़े बड़े दयनीय लगते थे।

जो 'आभिजात्य' के दीवाने थे, वे इस तरह सहानुभूति का दान करते थे, जैसे कट्टर ब्राह्मण, कपड़े बचाता हुआ, हरिजन के कटोरे में ऊपर से रोटी छोड़ता है। उन्हें लगता था कि यह आदमी अपनी जाति का है ही नहीं। उन दिनों तरह-तरह की दिलचस्प बातें सुनाई पड़ती थीं। कहीं से खबर आती थी कि ये लोग मुक्तिबोध का क्या बनाएँगे? फरिश्ता या पैगम्बर? फिर कहीं से सुनाई पड़ता कि वह तो कवि ही नहीं है। ये पिछड़े हुए लोग हैं, जो उसका आदर्शीकरण कर रहे हैं। फिर कोई निहायत आत्म-पावित्र्य के लहजे में कहता—अरे, यह आदमी तो—'निस्ट' है! (जी हाँ, पूरा शब्द कहते डरते थे और आसपास देख लेते थे।) और यह पट्टी चिपकाकर उसके बारे में अपना अन्तिम निर्णय देकर चले जाते थे।

मगर बन्धु, खलबली तब मची, जब मुक्तिबोध दिल्ली गए। बड़े सवाल हुए—कैसे जा रहे हैं? प्रधानमन्त्री ने बुलाया है। अच्छा! खर्च कौन देगा? प्रधानमन्त्री! अच्छा! कहाँ इलाज होगा? मेडिकल इन्स्टीट्यूट में। अच्छा! कैसे हो गया यह प्रबन्ध? प्रधानमन्त्री ने खुद दिलचस्पी ली। अच्छा!—अब लगा कि मामला अखिल भारतीय हो गया। अब तो जो इसमें दिलचस्पी लेगा, वह भी अखिल भारतीय होगा, अन्तर्राष्ट्रीय भी हो सकता है। इतने में खबर फैली कि आभिजात्य के महासंचालक ने भी मुक्तिबोध को बड़ा कवि मान लिया है और उसे अपना लिया है।

अब बहुत दिलचस्प नाटक शुरू हुआ। इसका आनन्द दर्शकों ने तो लिया ही, अभिनेताओं ने भी एक-दूसरे की अदाकारी का मजा लिया। इतने में एक और गजब हो गया। अंग्रेजी के एक पत्र में मुक्तिबोध के साहित्य पर अंग्रेजी में एक लेख लिखा गया, जिसमें उनकी बहुत तारीफ

की गई। तो सोचा कि अगर अंग्रेज़ी वाले भी इसे मानते हैं, तब तो यार, यह बड़ा कवि होगा। यह प्रतिक्रिया ठीक उस देहाती की प्रतिक्रिया-जैसी थी, जो गोरे साहब को देखकर अभिभूत हो जाता था।

अब मजे की बातें हुईं। दार्शनिक अन्दाज़ में कहा जाने लगा कि वह 'शब्द' का नहीं 'आत्मा' का कवि था। नए अभिजाती ने उस मरकटैया-जैसे व्यक्तित्व के कवि की अमलतास के प्रतीक से श्रद्धांजलि अर्पित की। और तरह-तरह की बातें हुईं। हम सब अपने को बहुत आत्म-सचेत और स्वतन्त्रचेता साहित्यकार मानते हैं न!

वह तो चला गया। अब अपना और क्या कर्त्तव्य बचा? अभी कर्त्तव्य बहुत बकाया है। अब उसके शुभचिन्तकों में आपसी खींचतान मचानी चाहिए। अलग-अलग लोग उसके शुभचिन्तक रहे, पर अगर एक-दूसरे के शुभचिन्तक नहीं हैं तो उनके सामने अभी बहुत काम हैं। वे एक-दूसरे को बदनाम कर सकते हैं और ऐसा वातावरण पैदा कर सकते हैं कि आगे कोई किसी की सहायता करने में डरे। इससे बड़ा काम यह होगा कि कोई लेखक किसी की झंझट में नहीं पड़ेगा और सब अलग-अलग अकेले मरेंगे।

दूसरा काम यह है कि अगर किन्हीं की आपसी लड़ाई चली आ रही है, तो इस प्रसंग में एक-दूसरे से बदला लिया जा सकता है। जो अब प्रतिवाद नहीं कर सकता, उस मुक्तिबोध के शब्द अब बड़े मजे में उपयोग में आ सकते हैं। मुझे यह देखकर खुशी होती है कि हिन्दी लेखक बड़ा सचेत है और उसने फौरन जहाँ-तहाँ यह काम शुरू कर दिया है।

राजनांदगाँव छोटी जगह है मगर वहाँ के लोगों ने कवि को बहुत प्यार और आदर-सम्मान दिया। पिछले जन्मदिन पर वहाँ महाविद्यालय में एक समारोह किया गया। वहाँ एक पुस्तकालय भी मुक्तिबोध की स्मृति में स्थापित कर दिया गया है। मगर संयोजकों ने बताया कि कुछ लोग कह रहे हैं कि मुक्तिबोध के नाम से ये लोग अपने को आगे बडा रहे हैं। मैंने कहा, भई, वे शायद ठीक कह रहे हैं। तुमने तो काम किया, मगर आगे उन्हें बढ़ जाना चाहिए था जिन्होंने कुछ नहीं किया। तुम कुछ ऐसा करो कि तुम्हारे काम से वे आगे बढ़ जाएँ। कोई भी भला काम तब तक पवित्र नहीं होता जब तक हमें उसका श्रेय न मिल जाए। यह बहुत सुलझी हुई विचार-प्रणाली है और इसे ग्रहण करने वाला हमेशा आश्वस्त रहता है। वह

जानता है कि सिर्फ उसी बारात में शामिल होना चाहिए, जिसमें खुद दूल्हा हो। जिस बारात में हम दूल्हा न हों, उस पर अपने छज्जे से पत्थर फेंकना चाहिए।

एक दूसरी तरह के लोग हैं जो स्थायी रूप से 'हाय-हाय' की मनःस्थिति में रहते हैं और सस्ते फिल्मी नायक की तरह नारे लगाते हैं—'हाय रे समाज, तू कितना अन्यायी है। हाय, हम कितने निर्मम और कठोर हैं कि हमने उसे मर जाने दिया और अब हम उसकी जय बोलते हैं!' ये लोग आत्म-पावित्र्य से आक्रान्त हैं और एकांगी विचार इनके होते हैं। यह आसान होता है, क्योंकि इसमें सब पक्षों से समस्या पर विचार करने की मानसिक मेहनत नहीं करनी पड़ती। भावुकता से भरी आत्मग्लानि बड़ी अच्छी लगती है, कहने वाले को भी और सुनने वाले को भी। ये बेचारे चारों तरफ तलवार घुमाते हैं, क्योंकि ये नहीं जानते, शत्रु कौन है। इनकी बात को भावुकता से अलग करके देखा जाए, तो उसका यह अर्थ निकलेगा कि मुक्तिबोध की चर्चा ही न हो। क्यों न हो? क्योंकि हम 'पापियों' ने पहले नहीं की। तो क्या हम 'पापी' अब भी न करें? नहीं, अगर चर्चा करनी ही होगी, तो 'मैं' करूँगा।

कुछ ऐसे हैं, जो कहते हैं चर्चा तो हो, लेकिन ज़रा हमें बताकर हो। लिखा जाए, तो पहले हमें बता दिया जाए। ये जब भी मुक्तिबोध के बारे में कुछ लिखा पढ़ते हैं, तो कहते हैं—'छिः क्या लिखा है!' इनकी स्थिति ऐसी है कि जो सही है, वह तो इनके पास जादू की डिबिया में बन्द है। वे तो डिबिया खोलेंगे नहीं, सिर्फ 'छिः-छिः' करेंगे। ये लोग मृतक के गुण-वर्णन को उसके प्रति अन्याय समझते हैं। इनके हिसाब से महाकाव्य रचयिता टुच्चे आदमी ठहरेंगे।

मगर इन सबसे अलग, वे बैठे हैं जो न भावुक होते हैं, जिन्हें न कोई ग्लानि होती है और न जो शोकग्रस्त होते हैं। वे बहुत निर्लिप्त भाव से, सारी भावनाओं से मुक्त होकर, यही देखते रहे हैं कि इस मामले में से अपना क्या बन सकता है। ये हिसाब से चलते हैं और मुनाफे के अन्दाज से पूँजी लगाते हैं। ये सटोरिए चालाकी से बाजार-भाव के उतार-चढ़ाव देखते हैं और दाँव लगा देते हैं। ये मौके को ज्वार के भुट्टे की तरह डंठल से पकड़कर उसके सारे दाने झाड़ लेते हैं। अर्थी पर फेंके गए पैसे बटोरना भी तो एक

काम है, और कुछ करते ही हैं।

बन्धु, पिछले दिनों ये सब दिलचस्प बातें होती रही हैं और मैं देखता रहा हूँ कि बात किन्हीं भी मूल्यों की करें, जिन मूल्यों से परिचालित होते हैं, वे साहित्य के बाहर के होते हैं, शायद बाजार के होते हैं।

और सब पहले जैसा ही है। आशा है, आप लोग सानन्द हैं।

सस्नेह

ह० शं० प०

चौबीस

प्रिय बन्धु,

कभी-कभी मुझे बड़ी ग्लानि होती है। मुझे लगता है, मैं बहुत निकृष्ट आदमी हूँ और लेखक तो खैर हूँ ही नहीं।

इसी महीने दो-तीन कारण ऐसे हो गए जिनसे मुझे आत्म-ग्लानि होती रही है। उपयोग कर सको, तो आत्म-ग्लानि भी बढ़िया चीज है, इसके रस से कविता बनती है। मगर मैं कवि हूँ नहीं, इसलिए भोगता हूँ और उपयोग कर नहीं पाता।

ग्लानि का कारण बताता हूँ। अभी मैंने अपने एक आदरणीय लेखक का लेख पढ़ा, जिसमें उन्होंने कहा है कि मैं ईश्वर को खोज रहा हूँ। पढ़-कर मैं तो चकरा गया। सोचा, एक मैं हूँ कि रायल्टी खोजता हूँ, पारि-श्रमिक खोजता हूँ या गेहूँ, चावल और शक्कर खोजता हूँ। और इधर ये हैं कि रायल्टी खोजते हैं न पारिश्रमिक। न पुरस्कार की कोशिश करते, न मान-सम्मान चाहते हैं। उन्हें गेहूँ-चावल से भी मतलब नहीं है। वे तो बस ईश्वर खोजते हैं। वही उन्हें रायल्टी दिलवाता है, वही पारिश्रमिक बढ़वाता है और वही गेहूँ-चावल पहुँचाता है।

मैंने निश्चय किया कि मैं भी सब-कुछ छोड़कर ईश्वर को खोजूंगा। पर फिर सोचा कि जब इन्हें अभी तक वह नहीं मिला, तो मुझ अधम को क्या मिलेगा। ये जब कुछ पता-ठिकाना उसका बता देंगे, तब मैं भी उधर ही उसे खोजूंगा।

मेरे एक मित्र ने मुझे बताया है कि जो लोग ईश्वर को खोजते हैं, खुद उन्हें ईश्वर खोजता फिरता है। ये ईश्वर को खोजते इस गली में मुड़ते हैं,

तो पीछे आता ईश्वर उस गली में मुड़ जाता है। इस तरह ज़िन्दगी-भर यह भूल-भुलैया चलती रहती है। आज तक आमना-सामना नहीं हुआ। होता यह है कि दोनों एक-दूसरे को यह बताते हैं कि हम तुम्हें खोज रहे हैं मगर हर बार एक-दूसरे को टरकाते हैं। पता नहीं यह क्या खेल है। अपने से यह आध्यात्मिक खेल नहीं बनता, इसलिए ग्लानि होती है। ऐसी ही ग्लानि मुझे तब होती है जब किसी आत्मान्वेषी का सामना होता है। सालों ये अपनी आत्मा की खोज करते हैं, जैसे वह अफ्रीका का जंगल हो। पूरी जिन्दगी में भी अपनी आत्मा की खोज पूरी नहीं होती। अपनी आत्मा से निबटें, तो दूसरों की आत्माओं को खोजें। अनेक आत्माएँ इन्तज़ार करती रहती हैं कि ये हमारी भी खोज करेंगे मगर उन्हें अपनी आत्मा से ही फ़ुरसत कहाँ मिलती है! ऐसे आत्मान्वेषी से मेरा सामना होता है तो मैं उसी तरह अपने को हीन अनुभव करता हूँ जिस तरह शेरपा तेनजिंग के सामने करूँगा। सोचता हूँ, कितनी विराट् यह आत्मा है कि उसकी खोज ज़िन्दगी-भर पूरी नहीं होती। और यह एक मेरी है—छोटी-सी।

ग्लानि मुझे इस महीने तब भी हुई, जब एक आस्थावान लेखक ने मुझे डाँटा। वे कहने लगे—"तुम लोग सब-के-सब आस्थाहीन हो। कहीं तुम्हारी आस्था नहीं है। किन्हीं मूल्यों के प्रति तुम आस्थावान नहीं हो।"

मैं चुपचाप उनके पीछे हो लिया कि पता तो लगाऊँ कि इनकी आस्था कहाँ है। मैं भी वहीं आस्था जोड़ लूँगा। तो मैंने देखा कि वे पाठ्य-पुस्तक समिति के सदस्यों के घर एक के बाद एक जा रहे हैं। इसके बाद वे राजधानी पहुँचे और वहाँ शिक्षा-मन्त्री की सीढ़ियों पर घण्टे-भर खड़े-खड़े धूप तापते रहे। फिर तीन दिन वहाँ रहकर वे यह प्रयत्न करते रहे कि मुझ पर सिर्फ एक बार मुख्य-मन्त्री की नजर पड़ जाए। सिर्फ एक कृपा-कटाक्ष के लिए वे लालायित थे। शाम को मैंने उनसे पूछा—आपकी आस्था कहाँ है? उन्होंने कहा—देखा नहीं तुमने? पाठ्य-पुस्तक समिति में, शिक्षा-मन्त्री में और मुख्य-मन्त्री में मेरी आस्था है। तुम्हारी तो इनमें भी नहीं है। मैंने कहा—मगर किन मूल्यों में आस्था है? वे बोले—जो पुस्तक मैं पाठ्यक्रम में लगवा रहा हूँ, उसका मूल्य पौने पाँच रुपए है। इसमें मेरी कट्टर आस्था है। मैं इसे कम नहीं करने दूँगा। और जैसा कि शिक्षा-मन्त्री ने आश्वासन दिया है और जैसा मुख्य-मन्त्री की करुणामय दृष्टि से विदित

होता है, अगर मेरी २ पुस्तक पुस्तकालयों के लिए खरीद ली गईं, तो कुल मूल्य लगभग २५ हजार रुपए होगा। तुम लोगों सरीखा मैं नहीं हूँ कि किसी मूल्य में आस्था न हो।

वन्धु, अमूर्त मूल्य मेरे लिए अब स्थूल हो गए। मैं उन्हें पहचानने लगा। और मूल्यवानों के, आस्थावानों के तमाम चरित्र मेरी समझ में आने लगे। मैं समझ गया कि किन मूल्यों की स्थापना के लिए कोई प्रतिष्ठित लेखक मन्त्रियों की आरती उतार रहा है। कोई क्यों किसी कौड़ी के नेता की आरती उतार रहा है? कोई क्यों हिसाब रखता है कि किस राजपुरुष की जन्म-तिथि कब पड़ती है? क्यों कोई सुनाम-धन्य लेखक राज्यों के मुख्यमन्त्रियों और केन्द्र के मन्त्रियों के चरितगायन के लिए तुलसीदास से ज्यादा तत्पर रहते हैं? क्यों कोई अपनी बीवी को नौकरी देने वाले के बारे में लेख लिखते हैं? क्यों कोई अपने को परम-श्रेष्ठ और आस्थावान लेखक मानकर प्रकाशन व्यवसाय के मालिकों के बाबा लोगों को घण्टों खिलाते हैं?

ये सब अस्थावान लोग हैं। इन्होंने सारी आस्था को ऐसा पचा लिया कि हमारे लिए बची ही नहीं। आस्था की धारा बहती हुई हम तक आ रही थी कि इन्होंने राह में ही उसे चुल्लू से पी लिया। अब हम कहाँ से पाएँ? सही है कि इधर आस्था नहीं आई।

ईश्वर में आस्था हो सकती थी, मगर उसके नाम से इन आस्थावानों ने सूदखोरी शुरू कर दी। प्रजातन्त्र का यह हाल किया कि एक बोतल शराब रात को पिलाकर सवेरे उसने अपनी पेटी में मतपत्र गिरवा लिया। न्याय की संस्थाओं को खरीदकर जेब में रख लिया। भ्रष्टाचार पकड़ने वाले सरकारी कर्मचारी को बरखास्त कर दिया। लुटेरों की रक्षा के लिए पुलिस तैनात कर दी और लुटने वालों को अध्यात्म सिखाने लगे। लायक को नौकरी नहीं दी और नालायक को ऊँचा पद दिया। पैसा लेकर नम्बर बढ़ा दिए। चापलूसों को श्रेष्ठ पुरुष समझकर गले से लगाया। बड़े-बड़े विद्यावान, कलावान टुच्चे सत्ताधारियों के आस-पास मँडराने लगे और पछताते रहे कि अगर हमारी दुम होती तो कितने काम आती। हर बार असत्य से, अन्याय से, अत्याचार से समझौता किया।

और शाम को किसी सभा में जब उजले कपड़े पहनकर पहुँचे तो

बड़े पवित्र अन्दाज में बोले—हाय, आज के लोगों में कोई आस्था नहीं है। किन्हीं मूल्यों के प्रति निष्ठा नहीं है।

बन्धु, आस्थावानों ने बड़ी आफत कर रखी है। इनके जो मूल्य हैं, उन्हें यदि ग्रहण न करें, तो ये हम जैसे 'मूल्यहीनों' को मिटा देंगे। मिथ्याचार से बड़ा कोई मूल्य अस्तित्व में इस वक्त नहीं है।

तभी तो ग्लानि होती है, जब किसी आस्थावान का सामना हो जाता है। उसकी आस्थाएँ कितनी फलवती निकलीं। और अपनी भटकटैया बंजर में रोपी हुई है।

इसके सिवा बाकी सब ठीक है।

सस्नेह

ह० शं० प०

पच्चीस

प्रिय बन्धु,

पिछले माह पत्र नहीं लिख सका। मुझे उन दिनों चक्रवर्ती राजगोपालाचारी का डर लगा रहता था कि मैंने लिखा और उनकी धमकी आई कि अगर हिन्दी में लिखेगा, तो देश निकाला करा दूंगा। फिर मैंने अखबार में आप लोगों के मुख्यमन्त्री का वक्तव्य पढ़ा कि आन्ध्र में कुछ पुरुषों को कहीं से चूड़ियाँ और कुमकुम भेजा गया, जिससे प्रोत्साहित होकर वे उपद्रव करने लगे। भारतीय नर मर्दानगी दिखाने को जितना उतावला रहता है उतना विवेक या अक्ल दिखाने को नहीं रहता। इन दिनों जो वक्तव्य मैं पढ़ता था उनसे यह आशंका भी होती थी कि यदि मैंने जनभाषा में लिखा और जन उसे समझ गया, तो देश की एकता खंडित हो जाएगी। इन दिनों बहुत लोग इंग्लैण्ड के टोरी दल की तरफ से तर्क दे रहे थे। टोरी दल कहता था कि अंग्रेज़ी के शासन के हटने से यह देश छिन्न-भिन्न हो जाएगा। भारतीय टोरी कहते हैं कि अंग्रेज़ी भाषा के हटने से देश छिन्न-भिन्न हो जाएगा। उपद्रव तक के लिए अपने पास मौलिक तर्क नहीं होते। कुतर्क भी उन्हीं से उधार।

इन दिनों मुझे दूसरी उलझन परेशान कर रही है। यहाँ बैठे-बैठे मैं बड़े शहरों में रहकर लिखने वाले तरुणों की रचनाएँ पढ़ रहा हूँ। इनमें

अधिकांश मृत्यु-कामी लगते हैं। कोई तो यहाँ तक कहता है कि हम मर गए। कोई कहता है, हम मरना चाहते हैं। कोई कहता है, हम मार डाले गए। एक ने तो मृत्यु की घोषणा कर दी और जब मैं भागता बड़े शहर गया तो देखा कि वे बैठे कलोल कर रहे हैं और साहित्यिक शतरंज की गोटें जमा रहे हैं; वजन बढ़ गया है, चेहरा प्रसन्न है और कपड़े अच्छे हैं। मैं हैरान कि ऐसी कैसी मौत, जिससे वजन बढ़े, प्रसन्नता हो और आदमी सम्पन्न भी होता जाए। मौत ऐसी अच्छी होती हो, तो हम सौ बार मरने को तैयार हैं।

मैंने एक मित्र से पूछा, तो उसने बताया कि ये मरने वाले पुरानी मौत नहीं मरते, आधुनिक मौत मरते हैं। आधुनिकता के दो लक्षण हैं—नीचे सकरी मोरी का पतलून और ऊपर सिर में मौत। मैंने पूछा कि यार, यह मौत इनके सिर के भीतर कैसे आ गई? उसने जवाब दिया कि इनका विश्वास है कि जो अपने को मरा हुआ नहीं समझता, वह आधुनिक नहीं है। इनका यह भी ख्याल है कि इन्हें यन्त्र ने पीस दिया है। कुछ लोग ऐसे हैं, जो मौत का सीधे विदेशों से आयात करते हैं। ट्रांस एटलांटिक एअरवेज़ और ब्रिटिश ओवरसीज एअरलाइंस कारपोरेशन से इनके लिए ताजा मौत आती रहती है।

बन्धु, मृत्यु-कामियों का मैंने विश्लेषण करने की कोशिश की है। अधिकांश बड़े शहर के 'यन्त्र' से पीड़ित हैं और उन्हें लगता है कि 'यन्त्र' उन्हें मार रहा है। पता लगाने से मालूम हो रहा है कि इनमें ९० फीसदी मूल रूप से देहाती हैं याने देहातों और कस्बों से महत्वाकांक्षा लेकर बड़े शहर में आ गए हैं। शहर का हाल देखकर पहले तो ये चमत्कृत हुए, मगर फिर इन्हें गाँव की याद आने लगी। यादें आने लगीं कि गाँव में अम्मा बीमार थीं तो सारा गाँव हमारे आँगन में आ गया था; चाचा मरे थे, तब सारे कस्बे के लोग शव-यात्रा में शामिल थे, कस्बे में मैं बाहर निकलता तो सैकड़ों आदमी 'पालागी' करते थे, कितने ही आदमी मुझसे अपनी चिट्ठी पढ़वाने आते थे। मगर हाय, इस दिल्ली में और इस कलकत्ता में कोई नहीं मिलने आता, कोई 'पालागी' नहीं करता, कोई चिट्ठी नहीं पढ़वाता। हम तो मर गए। इस 'यन्त्र-सभ्यता' ने हमें मार डाला! ये उस देहाती की तरह हैं जो बैलगाड़ी पर शहर गया और स्टेशन पर रेलगाड़ी देखने लगा।

पहले तो वह रेलगाड़ी देखकर अभिभूत हुआ—वाह, न बैल जुते न घोड़े, पर भागती कैसी सरपट है! लेकिन, जब उसके बैल बिदककर भागे, तो वह चिल्लाया—अरे मार डाला इस राक्षसी ने।

बहुतेरे नवतरुण ऐसे ही देहातीपन के कारण मृत्यु-कामी हो गए हैं। उनके ग्रामीण संस्कार उन्हें परेशान करते हैं। उनके बैल बिदक गए हैं। इन्हें गाँव में रहकर आंचलिक कथाएँ लिखनी चाहिए और देहाती अध्यापक के गौरव के साथ जीना चाहिए। मगर सबसे अधिक यही अपने को 'आधुनिक' बताने में लगे हैं। उन्हें इतनी-सी बात समझ में नहीं आती कि जो यन्त्र के साथ न रह सके, वह 'आधुनिक' कैसे हो सकते हैं।

दूसरी एक और बात इसी देहातीपन से जुड़ी है। गाँव की प्राथमिक-शाला में जो लड़का प्रथम आकर सरपंच के हाथ से इनाम पाता है, वह इस उम्मीद से शहर आता है कि मुझे पहुँचते ही कम-से-कम उपकुलपति बना दिया जाएगा। यों अब उपकुलपति ऐसे होने भी लगे हैं। इस महत्त्वाकांक्षा का कुल कारण यह है कि गाँव की पाठशाला में वह पहला आता था। मगर शहर में जब ऐसा नहीं होता, तो उसका जी घबड़ाता है और वह कहता है, हम तो मारे गए। हमारा जीवन निरर्थक, शून्य, रिक्त हो गया। बस, इस झटके में वह 'आधुनिक' हो जाता है।

बन्धु, ये मृत्यु-कामी 'आधुनिक' मुझे बहुत पिछड़े हुए, देहाती मालूम होते हैं। इनमें बहुतों को आधुनिक जीवन और उसकी समस्याओं का कोई बोध नहीं होता। वे आधुनिकता को पहनी गई पोशाक कहते हैं और उसी तरह व्यवहार करते हैं, जिस तरह देहात का लड़का शहर की सड़क पर के ठेले से तैयार सस्ती पतलून खरीदकर गाँव लौटता है, तो उसे पहनकर अपने को 'बाबूसाब' कहलवाता घूमता है। कई को निराश, व्यर्थता और विफलता का अनुभव केवल इसलिए होने लगता है कि और किसी की कोई अच्छी रचना उसे छपी दिख गई है या किसी का वेतन बढ़ गया है या किसी का नाम किसी लेख में आ गया है या किसी के बड़े आकार की तस्वीर कहीं छप गई है। इतना काफी है इन आधुनिकधर्मा लोगों को मौत की प्रेरणा देने के लिए।

बन्धु, देहाती भोला भी होता है। वह नहीं जानता कि उसे यन्त्र पीस रहा है या यन्त्र वाला। कोई उससे कह देता है कि यन्त्र जिन्दगी

को पीस रहा है, तो वह चीखने लगता है। कोई उससे कह देता है कि ज़िन्दगी से बदबू आ रही है, तो वह नाक पर रूमाल रख लेता है। किसी ने उससे कह दिया कि दिल्ली में कुल उतनी ही स्त्रियाँ हैं, जितनी कनाट प्लेस में घूमती मिलती हैं और होटलों में शराब पीती हैं—तो उसने यह भी मान लिया। उसने फिर न मुहल्ले में देखा, न घर में। इनमें तो स्त्रियाँ हैं ही नहीं।

बन्धु, आखिर इनसे ऐसा कौन कह देता है? मुझे लगता है, दुनिया-भर में जो सभ्यता पर काबिज थे, उनके हाथों से वह छूट रही है। उसे खूब विकृत करके, मानवीयता से रीता करके, खोखला करके, सौंप देना चाहते हैं। जब किसी के मकान पर कब्जा किया जाता है, तो कभी वह गुस्से में फर्श के पत्थर उखाड़कर, पलस्तर गिराकर, खिड़की और दरवाजे को बिगाड़कर मकान सौंप देता है। जो उस पर कब्जा करता है, वह इन सब चीज़ों को अगर सजावट समझकर ग्रहण कर ले, तो उसकी समझ और रुचि को क्या कहा जाए। आज यही हो रहा है। सभ्यता का अमानवीयकरण करके, उसका पलस्तर उखाड़कर, उसे गन्दा, बदबूदार और विकृत बनाकर दिया जा रहा है और लेने वाले इस सबको उसका आधुनिक शृंगार समझकर गौरव से ले रहे हैं। जीवन के व्यापक अमानवीयकरण के प्रयत्न से लड़ने के बदले देहाती आधुनिक उसे स्वीकार कर लेता है।

बन्धु, मुझे भी तरह-तरह के कष्ट हैं, घोर विपत्तियाँ आती हैं, अन्याय का भी कुछ कम शिकार नहीं होता। पर मुझे न मौत की कामना होती, न जिन्दगी की बदबू आती, न आदमी बिलबिलाता कीड़ा लगता, न व्यर्थत्व का अनुभव होता। तब मुझे डर लगता है कि कहीं ऐसा तो नहीं कि मैं आधुनिक नहीं हूँ—क्योंकि मरण-कामना तो आधुनिक फैशन ही है। अब तो ममता, सहानुभूति और करुणा मन में पैदा होती हैं, तब भी शंका होती है कि कहीं यह पिछड़ापन तो नहीं है। अमानवीयता भी तो आधुनिक फैशन है।

आजकल इसी उलझन में दिन बीत रहे हैं, अपने। इसके सिवा बाकी सब ठीक है।

आपका

ह० शं० प०

पुनश्च : अभी याद आया, एक 'यौनधर्मी आधुनिकता' भी होती है। उसकी चर्चा अगले पत्र में करूँगा।—परसाई

छब्बीस

प्रिय बन्धु,

मेरे एक परिचित हैं, जिन्हें पढ़ने का शौक है। वे मुझसे पुस्तकें ले जाते हैं और किसी भी भाषा के अच्छे पाठक की तरह अक्सर लौटाना भूल जाते हैं। मैं अभी तक उन्हें इसी दृष्टि से देखता था कि यह उन आदमियों में से हैं, जिसे जो भी पुस्तक मिल जाए रात को दो घण्टे पढ़कर सो जाता है। क्या पढ़ रहा है, और क्यों पढ़ रहा है, इससे उसे मतलब नहीं। जैसे दर्शन की किताब पढ़ लेगा, वैसे ही शिकार की कहानियाँ।

पर कल उसने मुझे एक जोर का धक्का दिया। मैं उसे एक मशहूर लेखक का उपन्यास देने लगा, जो अपने को बहुत आधुनिक मनवा चुके हैं और यह भी प्रचार करवा चुके हैं जो कि मैं आधुनिक मनुष्य की आंतरिकता का चितेरा हूँ। पुस्तक देखकर उन सज्जन ने रख दी और कहा—एक बात मुझे साफ-साफ बताइए कि आप मुझे क्या समझकर टाल देते हैं ? मैं इस सवाल के लिए तैयार नहीं था, इसलिए मैंने उन्हें ही कहने के लिए उकसाया। उन्होंने कहा—आप शायद यह समझते हैं कि मैं जो कुछ हाथ पड़ जाए, उसी को पढ़ लेता हूँ। लेकिन ऐसा मैं नहीं हूँ। अभी तक मैं अपठनीय किताबों को, आपकी भावना का खयाल करके चुपचाप ले जाता था और रख लेता था। पर अब यह बोझ मुझसे ढोया नहीं जाएगा। मैं आपसे साफ कहता हूँ कि मैं इस उपन्यास को हरगिज नहीं पढ़ूँगा।

मन तो हुआ कि कह दूँ, फिर आप मेरी किताबों का ही बार-बार पाठ किया कीजिए। पर इतना बेशर्म अहंकार बताते नहीं बना— मैंने कहा—इसे क्यों नहीं पढ़ेंगे ? ये तो मशहूर लेखक हैं, बिल्कुल आधुनिक। ये आधुनिक प्रेम के ही उपन्यास-कहानियाँ लिखते हैं।

उन्होंने कहा—फिर भी मैं इसे इसलिए नहीं पढ़ूँगा कि मेरा नाम कई सालों से मतदाता सूची में आ गया है। जब तक मैं भारत गणराज्य का मतदाता नहीं था, तब तक इनके उपन्यास-कहानी पढ़ लेता था।

मैंने पूछा—क्या संविधान में ऐसा संशोधन हो गया है कि जो मतदाता

हो जाए, वह इनकी कृतियाँ न पढ़े ?

उन्होंने कहा—नहीं, ऐसा संशोधन तो नहीं हुआ है। पर क्या आप किसी कालेज के तरुण को 'कल्याण' पढ़ने के लिए मजबूर कर सकते हैं ? तो फिर किसी बालिग को इनकी कृतियाँ पढ़ने के लिए क्यों मजबूर करते हैं ? अगर आप जांच करें तो पाएँगे कि मतदाताओं में सिर्फ ५ प्रतिशत पाठक इनके हैं। बड़ा सुभीता हो अगर आप लोग अपनी कृतियों के मुखपृष्ठ पर ही छपवा दिया करें—'उच्च माध्यमिक शाला का उपन्यास' या 'बी० ए० प्रथम वर्ष का उपन्यास' या 'बी० ए० अन्तिम की कहानियाँ'। इससे यह सुभीता होगा कि जो जिसके योग्य होगा, वह उसे पढ़ लेगा।

बन्धु, इस आदमी ने मुझे काफी हैरान कर दिया। मेरे प्रिय लेखकों की मूर्तियों पर उसने हथौड़े मारना शुरू कर दिया। वह मुझे अकसर मिल जाता है और अटपटी बातें करने लगता है। उसकी बहुत-सी बातें मुझे याद हो गई हैं। कुछ नीचे दे रहा हूँ :

—तुम्हारे इन आधुनिक लेखकों ने शरच्चन्द्र की सावित्री को भोजनालय की नौकरी से इस्तीफा दिलवाकर उसे किसी दफ्तर में 'स्टेनो' या हवाई जहाज में परिचारिका बना दिया है। वे समझते हैं, यह आधुनिक स्त्री हो गई। इनसे ज्यादा होशियार बंगला का नया लेखक शंकर है। उसने सावित्री की उसी जगह तरक्की कर दी है। उसे मामूली भोजनालय से निकालकर चौरंगी के आलीशान होटल 'शाहजहाँ' में कुमारी गुहा के नाम से रखवा दिया है और बाद में आत्महत्या भी करवा दी है।

—तुम लोग जब प्रेम उपन्यास लिखते हो, तो स्थानीय डिग्री कालेज की प्रथम वर्ष की लड़कियों को ध्यान में रखकर लिखते हो। इस हिसाब से लिखते हो कि कुसुम, कुमुद और सुधा इसे पढ़कर पसन्द करेंगी और लेखक का पता लगाकर उसके घर चली आएँगी और कहेंगी—आपने हमारे लिए लिखा, तो हम चली आईं। जब कुसुम की शादी हो जाती है, उसके बच्चे हो जाते हैं और वह गृहस्थी चलाने लगती है, तब तुम उसे भूल जाते हो।

—मैंने अभी तुम्हारे ही साथी एक लेखक का उपन्यास पढ़ा। उसमें प्रेमिका लगभग १०० पृष्ठों में रेस्तराँ में बैठी है और वही-वही बातें कर रही है; लगभग २५ पृष्ठों में वह फोन पर बात करती है और ४० पृष्ठों

में सहेली से लिपटकर उन बातों का सार बताती है। याने लगभग १६५ पृष्ठों में वही तीन-चार बातें लिखी गई हैं। इतने पृष्ठों में वह जहाँ की तहाँ है।

—तुम्हारे कुछ लेखक ऐसा सोचते हैं कि जिस औरत को नंगा करा सकें, वही आधुनिक है। अभी तक तो स्त्री का शरीर देखे बिना भी दर्जनों बच्चे होते रहे हैं। अब हर उपन्यास-कहानी की औरत नंगी है, पर बच्चा एक भी नहीं। ऐसे-ऐसे लेखक हैं, जो अगर ५-६ साल की बच्ची को भी बरामदे में फ्राक पहनकर खड़ी देखते हैं, तो सड़क पर से नीचे झाँकते हैं।

—कुछ लेखक स्त्री के शरीर का इस तरह अन्दाज करते हैं, जैसे कसाई बकरे के शरीर का। कुछ इस तरह देखते हैं जैसे डॉक्टर आपरेशन करते वक्त देखता है।

इसी तरह की और भी बातें वह करता रहता है। मैं आजकल बड़ा अनमना रहने लगा हूँ। अगर अपना पाठक ऐसा दुष्ट हो गया है, तो हम लेखकों का क्या होगा ? अगर पाठक की रुचि और समझ का स्तर उठेगा, तो लेखक को भी समझ का स्तर उठाना होगा। यह काम बड़ा कष्टकर होगा। अभी तक तो १८-१९ साल की उम्र से ऊपर जाने की ज़रूरत नहीं पड़ती थी। अब तो उम्र भी बढ़ानी पड़ेगी।

यही चिन्ता आजकल सता रही है। यों बाकी सब ठीक है।

सस्नेह

ह० शं० प०

सत्ताईस

प्रिय बन्धु,

इन दिनों कुछ लेखक बड़ी गड़बड़ पैदा कर रहे हैं। एक तो उन्होंने वियतनाम पर बमवर्षा के विरोध में वक्तव्य दे दिया। दूसरे, 'कल्पना' के पिछले अंक में रघुवीर सहाय ने भारतीय बुद्धिजीवी याने लेखक-कलाकार-अध्यापक वर्ग की निष्क्रियता और विचार-भीरुता पर एक लेख ही लिख डाला।

इन चीज़ों से बुद्धिजीवी के आराम में खलल पड़ता है। जिसके मन में न सवाल उठते हैं, न शंका पैदा होती है, वह सुखी होता है। लेखक अध्यापक

समूह अगर सुख की ज़िन्दगी जीना चाहता है, तो लोगों को क्यों अखरता है ? लेखक पोथे-पर-पोथे लिखता जाता है, पचासों किताबों को थप्पी लगा लेता है, मगर अपनी एक पंक्ति के बारे में भी उसके मन में शंका नहीं उठती। वह परम सुखी है। लेखक अपनी एक छोटी-सी अलग दुनिया बना लेता है, उसके आस-पास लेखकीय अहंकार और निरपेक्षता की दीवार खड़ी कर लेता है। इस दुनिया में बाकी दुनिया की समस्याएँ नहीं झाँक सकतीं। इस दुनिया में न अपना देश है न कोई दूसरा। उसमें न वियतनाम है, न कांगों, न रूस और न अफ्रीका। कभी-कभी इसमें चीन अपने ऊपर कविताएँ और कहानियाँ लिखवाने के लिए झाँकता है। इसमें पाकिस्तान की भी पहुँच नहीं है। रावलपिण्डी पर तिरंगा फहराने वाली कविता मैंने तो कोई नहीं पढ़ी। इस दुनिया में सिर्फ लेखक हैं, पत्र-पत्रिकाएँ हैं, सम्पादक हैं और प्रकाशक हैं। इस दुनिया में भी गुटबाजी है और शीत-युद्ध भी इसमें चलता है। इस दुनिया की सारी समस्या है—अपने को बढ़ाना और दूसरों का बढ़ावा रोकना, अपना छपना और पैसे पाना; दूसरों का न छपना और न पैसे पाना। अपने यश की वृद्धि और दूसरों के यश का नाश। आगे बढ़कर, इस दुनिया में पाठ्य-पुस्तकें, ऊँची नौकरी, पुरस्कार समितियों की सदस्यता और प्रतिनिधि मण्डलों में विदेश-प्रवास और आ जाते हैं। इस दुनिया में लेखक बड़े आराम से ज़िन्दगी गुजार देता है। ऐसे 'जतन से' जिन्दगी की चदरिया ओढ़ता है कि 'जस-की-तस' धर देता है। उसके इस आत्मतोष को झटका देकर उसे परेशान क्यों किया जाए ? यह कभी-कभी ही चौंकता है, जैसे तब जब सात्र अल्जीरिया की मुक्ति के आन्दोलन का समर्थन करता है और फ्रांसीसी सैनिकों से अल्जीरिया में न लड़ने का अनुरोध करता है। वह तब भी ज़रा चौंकता है जब बरट्रेंड रसेल अमरीकी हस्तक्षेप की निन्दा करता है। पहले तो वह इन्हें भी तुच्छ समझता है। लेखक और बुद्धिजीवी होकर इन मामलों में क्यों पड़ते हैं ? फिर वह यह सोचकर अभिभूत होता है कि ये लोग पश्चिम के हैं; पश्चिम के हैं तो धन्य हैं। भारतीय लेखक और बुद्धिजीवी अरब देशों और अफ्रीकी देशों के लेखकों से भी पीछे सोचता है और पश्चिमी बुद्धिजीवी के सामने बड़ी हीनता का अनुभव करता है। मुझे याद है, पिछले नवम्बर में विश्वशान्ति सम्मेलन में लेखकों की बैठक में मुल्कराज आनन्द जब गद्‌गद होकर आत्मउत्प्रेक्षणमय भाषण दे रहे थे तब

बार-बार कहते थे—'माई फ्रेंड सार्त्र, माई फ्रेंड शोलोखोव—बार-बार इन्हें 'मित्र' कहने से हीनता की भावना बड़े दयनीय ढंग से प्रकट हो रही थी। तब संयुक्त अरब गणराज्य के एक तरुण प्रतिनिधि ने डॉक्टर साहब को फटकारा। उसने साफ कहा कि जब हम कहते हैं कि सार्त्र हमारे सम्मेलन में आयेंगे, तब हम हीनता की भावना से ग्रस्त होते हैं। सार्त्र नहीं आयेंगे, तो क्या होगा ? एशिया और अफ्रीका के लेखकों और बुद्धिजीवियों को इस हीनता का त्याग करना चाहिए और स्वतन्त्र तथा आत्मसम्मानपूर्ण ढंग से सोचना चाहिए। मैंने देखा, डॉक्टर साहब परेशान थे। बाद में यह उनकी परेशानी मोहन राकेश ने और बढ़ा दी थी।

राजनीति के बारे में लेखक तभी सोचता है जब मुख्यमन्त्री, शिक्षा-मन्त्री या प्रधानमन्त्री बदलता है या पुरस्कारों का या विश्वविद्यालयों के विभागाध्यक्षों और उपकुलपतियों की नियुक्ति का मौसम आता है। सुनाम-धन्य लेखक तब एकदम जागरूक हो जाते हैं, देश की समस्याएँ उन्हें पीड़ित करने लगती हैं और वे लेखक लिखकर बता देते हैं कि अमुक मन्त्री देश को स्वर्ग बना देंगे। पत्र-पत्रिकाओं में पत्रकारों द्वारा नहीं, लेखकों के द्वारा लिखे वे लेख देखे होंगे, जिनमें मन्त्री जी की प्रतिभा, सरलता, त्याग, सज्जनता और दृढ़ता के गीत होते हैं। ये सचित्र होते हैं और चित्रों के शीर्षक होते हैं—'मन्त्रीजी अध्ययन कक्ष में, मन्त्री जी बच्चे को चूमते हुए, मन्त्रीजी पूजा करते हुए और मन्त्री जी शौच जाते हुए !' ऐसा लेख निकलते ही समझा जा सकता है कि लेखक की प्रतिभा दरवाजे पर किस पद या लाभ की भीख माँगने खड़ी है।

अध्यापकों की भी अपनी अलग दुनिया है। हिन्दी, संस्कृत, दर्शन और इतिहास विभागों के अध्यापक तो अखबार भी नहीं पढ़ते, क्योंकि उनके विषय इस संसार से सम्बन्धित ही नहीं हैं। वे अपनी दुनिया में नहीं रहते। दूसरों की दुनिया भी विश्वविद्यालय के भीतर ही होती है। विश्वविद्यालय की कार्यकारिणी समिति सुरक्षा परिषद् के बराबर होती है। मैं पिछले कई सालों से देख रहा हूँ कि २-३ अध्यापक रोज, तीसों दिन बारहों महीने, अपने पूरे खाली समय में सिर्फ विश्वविद्यालय की राजनीति की बात करते हैं। इस दुनिया की समस्याएँ हैं—पर्चे जाँचने को प्राप्त करना, तरक्की पाना, पुस्तकें पाठ्य-क्रम में लगवाना, समितियों में सदस्य होना। कभी-कभी

अध्यापक की दुनिया फैलती है और दूसरे विश्वविद्यालय से मिल जाती है। तब अध्यापक वहाँ से पर्चा जाँचने को ले आता है। उसे कुल उतने में दिलचस्पी है और उतना ही वह समझना चाहता है, जितना विश्वविद्यालय के अहाते में है। उससे यह उम्मीद करना नाजायज है कि वह उस दुनिया के बाहर भी देखे और उसमें दिलचस्पी ले। पिछले महीने मैंने राजनीति के एक अध्यापक से कहा—चलिए, नगरपरिषद् में वियतनाम की समस्या पर चर्चा है। आप भी उसमें भाग लीजिए। उसने हँसकर कहा—इस वक्त ज्वलन्त समस्या वियतनाम की नहीं है, कापियाँ जाँचने की है। मुझे याद है, जब आचार्य कृपलानी संसद का चुनाव जीते थे, तब सुबह ही मेरी मुलाकात राजनीति के एक अध्यापक से हो गई। मैंने कहा—कृपलानी जीत गए। उन्होंने कुल इतना कहा—हाँ, अब संसद में बड़ा मजा आएगा। कृपलानी की राजनीति से सहमत होने की बात नहीं है। बात यह है कि अध्यापक जी को इसमें 'सिर्फ संसद का 'मनोरंजन' समझ में आया।

बन्धु, इन सबके शिष्यों से क्या उम्मीद की जा सकती है। वे भूखे रहते हुए भी गल्ले के गोदाम पर धावा नहीं बोलेंगे, मगर सिनेमाघर पर पत्थर फेंकने जरूर इकट्ठे हो जाएँगे, क्योंकि उन्हें बिना टिकट नहीं घुसने दिया गया। ये विद्यार्थी उपद्रव करते हैं, विद्रोह नहीं। जापान के विद्यार्थियों ने आइसनहावर को अपनी भूमि पर पाँव नहीं रखने दिया था, दक्षिण कोरिया के विद्यार्थी वर्ग ने आन्दोलन करके तानाशाह सिगमन री को निकाल दिया, पाकिस्तान के विद्यार्थी भी अयूबशाही के खिलाफ विद्रोह करते हैं। मगर अपने आचार्यों के पढ़ाये देश के ये रतन सिनेमा के 'गेटकीपर' और 'बस कण्डक्टर' के खिलाफ आन्दोलन करते हैं।

बन्धु, अभी की खबर है कि अमरीका के विश्वविद्यालय राष्ट्रपति जानसन की विदेश-नीति के प्रति विद्रोह प्रकट कर रहे हैं। अपना हर विश्वविद्यालय इस तरह की बात को विद्या के क्षेत्र के बाहर की मानता है। वहाँ आचार्यों के झगड़ों और उपकुलपति को लेकर दलबन्दियों के द्वारा ही विश्वचेतना व्यक्त होती है।

यह सब इसलिए लिख रहा हूँ कि आप व्यर्थ लेखक-बुद्धिजीवी के आराम में खलल न डालें। उस परमहंस के तो अन्तर में नाद उठता रहता है। उसे बाहर से क्यों पुकारते हो?

और सब ठीक है।

सस्नेह

ह० शं० प०

अठाईस

प्रिय बन्धु,

जुलाई की 'कल्पना' में ६७ लेखकों के नाम से 'भाषा वक्तव्य' छपा है और ८ लेखकों के नाम से एक 'कार्यक्रम'। दोनों वक्तव्य मातृ-भाषाओं के प्रयोग और अंग्रेजी के निष्कासन के सम्बन्ध में हैं। कार्यक्रम पेश करने वाले लेखकों ने मित्रों से सुझाव भी माँगे हैं। मैं इन सब लेखकों का मित्र हूँ (गो यह असम्भव लगता होगा कि एक लेखक का मित्र होने पर दूसरे का कैसे हुआ जा सकता है) इसलिए सुझाव देना अपना हक और फर्ज समझता हूँ।

मेरा सुझाव है कि सामान्य लोगों के पहले लेखकों के मातृ-भाषा प्रयोग के सम्बन्ध में कुछ व्यवस्था कर लेनी चाहिए। हर हिन्दी लेखक को मजबूर नहीं किया जा सकता कि वह मातृ-भाषा का प्रयोग करे और अंग्रेज़ी का न करे। मेरा सुझाव है कि हिन्दी के लेखकों से पूछ लिया जाए कि उनमें कौन बच्चों के 'पिताजी' या 'बाबूजी' हैं और कौन 'डैडी' या 'पापा'। जिन लेखकों ने वक्तव्य पर दस्तखत किए हैं, उनमें कुछ दस्तखत करते वक्त 'डैडी' थे, यह मैं निश्चयपूर्वक कह सकता हूँ। इनके घरों में बच्चे तक माता से मातृ-भाषा नहीं बोलते। इन 'डैडियों' की एक सूची वन जानी चाहिए। उसी सूची में उन लेखिकाओं के भी नाम लिखे जाएँ, जो 'ममी' हैं। विवाहिता लेखिकाओं में जो 'प्रिये' नहीं 'डार्लिंग' हैं, वे भी इसी में रखी जाएँ। 'अविवाहित' लेखिकाओं के भविष्य के खयाल से अभी उन्हें सभी सूचियों से मुक्त रखा जाए! अब एक सूची ऐसी बन जाएगी जिसमें 'डैडी', 'ममी' और 'डार्लिंग' हैं। याने वे हिन्दी भक्त हिन्दी लेखक जिनके घरों में भी अंग्रेज़ी बोली जाती है। इनके बच्चे बेचारे माँ तक से उसकी भाषा में बात करने से वंचित हैं। इनके यहाँ प्रेम से लेकर प्रार्थना तक में अंग्रेज़ी का ही प्रयोग होता है। इनसे यह आशा करना कि ये मातृभाषा बोलेंगे और बच्चों को अंग्रेजी माध्यम के स्कूल में न भेजेंगे,

अन्याय है। हमें लेखकों की एक सभा बुलाकर यह तय कर लेना चाहिए कि कितनी आमदनी तक लेखक 'पिता' रह सकता है और कितनी आमदनी पर उसे 'डैडी' हो ही जाना चाहिए। अगर हजार रुपए प्रतिमास वेतन वाला लेखक 'डैडी' होता है और अगले साल उसकी नौकरी छूट जाए जिससे वह ३-४ सौ में गुजर करने लगे, तो उसे फिर 'पिता' हो जाना चाहिए। जो 'डैडी' हो, उसे कार्यक्रम के मुद्दे ५ से बरी कर देना चाहिए। (मुद्दा ५ कहता है कि अपने बच्चों को ऐसे स्कूलों में न भेजें, जहाँ शिक्षा का माध्यम अंग्रेज़ी हो।) ऐसे लोगों को मातृभाषा आन्दोलन की तरफ से यह काम देना चाहिए कि वे मंच पर और अखबार में छाती पीट-पीटकर मातृभाषा के लिए इस तरह रोएँ, जैसे माताजी का इन्तकाल हो गया हो। इससे बड़ा असर पड़ेगा।

सवाल मातृभाषा के प्रति प्रेम, उसके लिए संघर्ष और थोड़े त्याग का नहीं है। सवाल यह है कि भारतीय होने की जो शर्म है, उसे किस तरह धोया जाए। दूसरा सवाल है, बच्चों का भविष्य कैसे बनाया जाए। जिस देश में मोर्चे पर फौज के लिए जाने वाले चावल को काला बाजार में बेचकर बच्चों का भविष्य बनाया जाता है, वहाँ भारतीय भाषा के लेखक बच्चे को अंग्रेज बनाकर उसका भविष्य क्यों न सुधारें! उसे हिन्दी पढ़ाकर क्या पटवारी बनाना है? जो हिन्दी भक्त और हिन्दी लेखक गरीब नहीं हैं उन्हें हरगिज मातृभाषा को नहीं अपनाना चाहिए। जिन्हें बच्चों को इंजीनियर, डॉक्टर बनाना है, विदेश भेजना है, आई० ए० एस० में और विदेश सेवा में भेजना है, वे आपको 'हिन्दी-फिन्दी' के चक्कर में क्यों पड़ें?

'सार्वजनिक कार्य' के मुद्दे तीन की बन्दिश भी मेरी दृष्टि में गलत है। निमन्त्रण-पत्र आखिर अंग्रेज़ी में क्यों छपें? मुझे शादियों के इसी मौसम में एक निमन्त्रण-पत्र मिला—'मिस्टर एण्ड मिसेज़ फुन्दीलाल रिक्वेस्ट दी प्लेजर ऑफ दी कम्पनी ऑफ मिस्टर एण्ड मिसेज···एट दी वेडिंग सेरेमनी ऑफ देअर सन छिद्दीलाल···' फुन्दीलाल के पहले दो लड़कों की शादी के निमन्त्रण-पत्र हिन्दी में थे, जिन पर ऊपर गणेश का चित्र था। इस बीच फुन्दीलाल की मोटर सुधारने की दूकान कारखाना बन गई है और कई पीढ़ियों में घर में पहला व्यक्ति छिद्दीलाल बी० ए० हो गया है। अगर निमन्त्रण-पत्र अंग्रेज़ी में न हो तो कैसे मालूम हो कि

फुन्दीलालजी की दूकान बड़ी हो गई है और छिद्दीलाल बी० ए० हो गए हैं। हिन्दी में निमन्त्रण-पत्र छपने पर लोग कहने न लगेंगे कि अरे, यह वही फुन्दीलाल है! बन्धु, अंग्रेज़ी की बात का स्तर ही अलग होता है। मैंने तो गोरेलाल शर्मा को अंग्रेजी में विलाप करते भी देखा है और मुझे बहुत अच्छा लगा है। चाचा की मृत्यु पर वे रोकर मुझसे बोले थे—'बिरदर, ही लव्ड मी भेरी मच !' यह मजा मातृभाषा में रोने में नहीं है।

एक और बात ये मित्र भूलते हैं। अंग्रेज़ी में भद्दे नाम भी अच्छे लगते हैं। कौन जान सकता है कि सी० एल० वर्मा वास्तव में छकौड़ी लाल हैं? खुन्नेलाल शान के साथ के० एल० हो जाते हैं। इस सुविधा को वे क्या समझें जो श्रीकान्त और मनोहर श्याम हैं! यह तो वही समझ सकता है, जिसे फूलचन्द नाम मिला है और जो पी० सी० वैश्य लिखता है।

बन्धु, अंग्रेज़ी के नाश के ये सब तरीके गलत हैं। मेरा विचार है अंग्रेज़ी को हम इतना भ्रष्ट करके और उसे इतना बिगाड़ दें, कि वह शर्म के मारे मुँह छिपाकर यहाँ से भाग जाए। केन्द्रीय मन्त्रिमण्डल में रामसुगसिंह और पाटिल जैसी अंग्रेजी बोलते हैं, वैसी अगर १००.० नेता बोलने लगें, तो बेचारी अंग्रेज़ी यहाँ एक मिनिट न टिके। घोर हृदय-विदारक अंग्रेज़ी बोलते हैं, ये लोग! 'इज बाज सुड बुड'—बड़े आत्मविश्वास से बोलते हैं। इनसे पूछो तो ये कहेंगे—'ज़रा इंगलिस बीक है!' शास्त्री जी भी अपने ढंग से मातृभाषा आन्दोलन में योग देते हैं, जब वे बार-बार 'बाई एण्ड लार्ज' के बिना आगे नहीं बढ़ते और शान्ति-सम्मेलन में गम्भीरता से कह देते हैं—'एण्ड लेट द वर्ल्ड रेस्ट इन पीस!'

ये कुछ सुझाव फिलहाल मैंने दिए हैं। अगर इन पर अमल करने को आप लोग तैयार हों, तो आगे और भी उपयोगी बातें बताऊँ।

बाकी सब ठीक है।

आपका

ह० शं० प०

उन्तीस

प्रिय बन्धु,

पिछले अंक में श्री रमेश उपाध्याय ने २-४ अंक निकलने वाली छोटी

पत्रिकाओं के सम्बन्ध में कुछ बातें उठाई हैं। वे परेशान मालूम होते हैं कि इतनी अल्पजीवी पत्रिकाएँ क्यों निकलती हैं। उन्होंने शायद कभी कोई पत्रिका नहीं निकाली इसलिए वे पत्रिका निकालने के रहस्य से और उसके सुख से भी परिचित नहीं हैं। मैंने निकाली है, मैं जानता हूँ।

हिन्दी भाषा में पत्रिकाएँ यों कम निकलती हैं। अधिकांश पत्रिकाएँ ऊबे हुए रेलवे मुसाफिर के लिए निकाली जाती हैं। उन्हें देखते ही पहिचाना जा सकता है। भद्दी स्त्री, भद्दे कपड़े, भद्दे ढँग से पहिने (या खिसकाये ?) इन पत्रिकाओं के कवर पर होती है और पीछे पूरे पृष्ठ पर विज्ञापन होता है, जिसमें कोई परोपकारिणी देवी 'बहिनों' की बीमारी दूर करने के लिए आतुर होती है या कोई संन्यासी नष्ट जीवन नौजवान का जीवन सुधारने के लिए तैयार रहते हैं। कुछ कहानी पत्रिकाएं भी ऐसा रंग-रूप ले चुकी हैं और इनमें हर कहानी का पल्ला खिसका रहता है। यह तो होना ही था, क्योंकि पश्चिम से आने वाली दर्शनशास्त्र की पुस्तक के कवर पर भी स्कर्ट खिसकाए स्त्री का चित्र बिक्री के ख्याल से चिपका रहता है। कुछ पत्रिकाएँ, जो कथा मासिक हैं, अच्छी निकलती हैं। फिर २-३ साहित्यिक पत्रिकाएँ हैं, जो लेखकों, साहित्य के विद्यार्थियों और अध्यापकों के विशेष काम की हैं। यहाँ आप उम्मीद कर रहे होंगे कि लिखूंगा—और इनमें 'कल्पना' का विशिष्ट स्थान है। (अच्छा, इतनी मुँहदेखी मैंने की।)

लेकिन इनके अलावा भी जो पत्रिकाएँ निकलती, बन्द होती रहती हैं, उनके विषय में कुछ लोग चिन्तित हैं। ये पत्रिकाएँ क्यों निकलती हैं ? कुछ लोग शौक के लिए पत्रिका निकाल देते हैं। जैसे घर के अहाते में बगीचा लगाते हैं, वैसे ही पत्रिका के दो-चार अंक निकाल देते हैं। जैसे नई कार का इन्हें शौक होता है, वैसे ही नई पत्रिका का शौक ४-६ महीने में पूरा हो जाता है, तब ये बन्द कर देते हैं। यह शौक व्यक्तिगत भी होता है और सामूहिक भी। जब सामूहिक होता है, तब १०-१५ लोग मिलकर कहते हैं—चलो यार, पत्रिका निकालें। जैसे चार यार कहते हैं—चलो यार, झूला झूलें। ऐसी पत्रिका शिशु की तरह निर्दोष होती है—उससे न किसी का बुरा होता है, न भला। उसके माता-पिता को अलबत्ता उसे खिलाने में सुख मिलता है।

कुछ लोग न जाने क्यों और कैसे अपनी विशेष जिम्मेदारी मानने

लगते हैं कि हमें साहित्य में फैली गन्दगी को साफ करना है। वे बड़े भोलेपन से घोषणा करते हैं कि हाय, आज साहित्य के क्षेत्र में कितनी गन्दगी है ! हाय, लेखकों के कितने गुट हैं ! हाय, लेखक एक-दूसरे पर कैसे प्रहार करते हैं ! हाय, नैतिक मूल्यों का कितना पतन हो गया है ! हमसे यह नहीं देखा जाता। हम अपनी पत्रिका के द्वारा इस गन्दगी को दूर करके साहित्य में स्वस्थ वातावरण निर्मित करेंगे और स्वस्थ मूल्यों को प्रतिष्ठित करेंगे। हिन्दी का साहित्यिक बड़ा भोला होता है। वह बड़े-बड़े दायित्व ले लेता है। आपने सुना होगा कि हिन्दी के एक प्रतिष्ठित नीतिवान लेखक फिल्मी दुनिया में काम करने गए, तो एक मित्र को पत्र में उन्होंने पहिले तो उस दुनिया की गन्दगी, अनैतिकता और दुराचार का हृदय-स्पर्शी चित्र खींचा और अन्त में लिखा—खैर, अब मैं यहाँ आ गया हूँ। ऐसी पत्रिकाएँ, जो गन्दगी साफ करने के लिए पैदा होती हैं, स्वयं गन्दगी बढ़ाने लगती हैं।

ऐसी अल्पजीवी छोटी-छोटी विज्ञापनहीन पत्रिकाएँ, निकालने वालों को कोई खास आर्थिक लाभ देती हैं, यह मैं नहीं मानता। कभी किसी को वार्षिक ग्राहक बनाकर फिल्म देख ली जाए, यह बात अलग है। अधिकांश में इन पत्रिकाओं के निकाले जाने का उद्देश्य आर्थिक लाभ कम और साहित्य में प्रतिष्ठित होना ज्यादा होता है। रचना करके साहित्य में प्रतिष्ठित होना कष्टकर है। पत्रिका निकालकर ऐसा आसानी से होता है ! कविता, कहानी, उपन्यास लिखने से कम मेहनत पत्रिका निकालने में पड़ती है और प्रतिभा तो कम लगती ही है। आज सड़कों का उपयोग छूट गया है, सब पगडंडियाँ खोजते हैं। साहित्यिक सफलता की जो इमारत है, उसमें 'लिफ्ट' भी लग गई है। ऊँची मंजिल पर पहुँचने के लिए सीढ़ियों से चढ़कर कोई पाँव क्यों दुखाए ? यश-प्रार्थी 'लिफ्ट' में चढ़ता है और हर लेखक को 'लिफ्ट' का चपरासी समझता है जो बटन दबाकर उन्हें ऊपरी मंजिल में छोड़ आए। जो लेखक 'लिफ्ट' का बटन नहीं दबाता, उसे यश-प्रार्थी गाली देने लगते हैं। ऐसी कुछ पत्रिकाएँ 'लिफ्ट' होती हैं। मगर मैंने कहा न, हिन्दी का लेखक बड़ा भोला होता है। वह समझता है कि पत्रिका निकालने का काम करने वाला बिना लिखे लेखक मान लिया जाएगा। उसे यह समझ में नहीं आता कि दवा बेचने वाला वस्त्र-विक्रेता संघ का मन्त्री नहीं बन सकता। यह बनने के लिए उसे कपड़े बेचना ही पड़ेगा।

श्री उपाध्याय को इन पत्रिकाओं से ज़रूरत से ज्यादा भय लग गया है। और उन्होंने इसी से सम्बद्ध करके लेखकीय स्वतन्त्रता और शासकीय या राजनीतिक हस्तक्षेप का सवाल उठा दिया है। लेखक की स्वतन्त्रता, शासन से सहयोग या असहयोग, दल और लेखक आदि को लेकर पिछले दल सालों में बहुत नट-कौतुक देख चुका हूँ। सरकार से बिलकुल असहयोग—यह नारा बहुत साल पहले कुछ लेखकों ने बड़े आत्म-पावित्र्य की अदा से लगाया था। किस सरकार से असहयोग? कांग्रेस के अवाड़ी अधिवेशन के बाद वाली सरकार से ही असहयोग क्यों? क्या इसलिए कि उसके बाद सरकार ने 'समाजवाद' का नारा अपना लिया, योजनाओं में सार्वजनिक क्षेत्र को एक हिस्सा दे दिया और उद्योगों के राष्ट्रीयकरण की बात चल पड़ी? गो 'समाजवाद' का नाम लेकर भी काम क्या हुआ है, यह सब जानते हैं। कितना गोलमाल उस नारे ने पैदा किया, यह भी देख रहे हैं। मगर, अगर वह सरकार यह नारा न लगाती, पूँजीवाद का अपने प्रकृत रूप में विकास होने देती, तो लेखकों को सरकार से अपनी रक्षा की चिन्ता क्या इतनी सताती? तब भी क्या सांस्कृतिक स्वतन्त्रता और नैतिक पुनरुत्थान के नारे इतने ही जोर के होते? क्या नैतिक पतन इसीलिए नहीं हो गया है और संस्कृति इसीलिए संकट में नहीं पड़ गई है कि साधारण जन ने अपने अधिकार माँगना शुरू कर दिया है?

इस बात में विवाद की गुंजाइश नहीं रह गई कि लेखन को सरकार या राजनीतिक दल नियोजित नहीं कर सकते और न लेखक को आदेश देकर लिखवा सकते। मगर लेखक गल्ले बाजार का साँड भी तो नहीं है। कहीं कोई दायित्व-बोध तो उसे करना ही पड़ेगा।

लेखक जिस स्वतन्त्रता की बात करता है, उसका रूप कुछ ऐसा है—जो तनख्वाह नहीं देता, उसे गाली देना और जो तनख्वाह देता है, उसे गाली न देना या समर्थन देना। अगर मासिक वेतन भारत सरकार से नहीं मिलता, तो लेखक भारत सरकार को गाली देगा। मगर जिस सेठ से वेतन मिलता है, उसे और उसके वर्ग को गाली नहीं देगा। यही लेखकीय स्वतन्त्रता है। मगर यह स्वतन्त्रता है कि चतुरता है? ऐसा चतुर लेखक ही भीड़ को भी तुच्छ समझता है और उससे दूर रहता है। कारण यह है कि जिससे उसे तनख्वाह मिलती है, उसे सबसे बड़ा खतरा इसी भीड़ से होता

है। ऐसे ही लेखक यह प्यारा विश्वास भी पालते हैं कि जो भी व्यवस्था हो, वह सिर्फ लेखक के फायदे को ध्यान में रखकर बने। बाकी जन-समाज का चाहे जो हो। यही वह भी सोचता है, जो उसे तनख्वाह देता है। स्वतन्त्रता के सम्बन्ध में वेतन देने वाले वर्ग और वेतन लेने वाले लेखक का जो यह मत साम्य है, इससे स्वतन्त्रता की सारी पोल खुल जाती है।

हमसे पहले के लेखक कविता-कहानी भी लिखते थे और स्वतन्त्रता-संग्राम में जेल भी जाते थे। मगर हम यह समझते हैं कि सिर्फ २-४ कविता-कहानी से ही हम दुनिया को बदल देंगे। जमाने ने कुछ ऐसा पलटा खाया है कि जो शर्म की बात है, वह गर्व की बात हो गई है।

पत्रिकाएँ निकलने और आलोचना-प्रत्यालोचना होने से कोई अराज़कता नहीं फैलती। डर तब होता है, जब व्यक्तिगत राग-द्वेष और ईर्ष्या को ऊँचे सिद्धान्तों का जामा पहनाया जाता है, विरोधी पर इस ठाठ से प्रहार किया जाता है, जैसे हम किसी ऊँचे आदर्श के लिए संघर्ष कर रहे हैं। संकट साहित्य के सही मूल्यांकन नहीं होने का है। दूसरी समस्या लेखक को यह बोध कराने की है कि वह किसी समाज से सम्बद्ध एक आदमी भी है।

उपाध्याय जी ने लिखा है कि यदि ऐसा ही चला, तो सरकार को लेखकों पर अंकुश लगाना पड़ेगा, या साम्यवाद का दौर चला, तो वह अंकुश लगाएगा। मेरा विचार है ये दोनों ऐसा नहीं करेंगे और न इन्हें ऐसा करना चाहिए। कई तरह की सरकारों ने ऐसा करके देख लिया और अपने को गलत पाया। रूस और पूर्वी यूरोप के देशों की साम्यवादी सरकारों ने भी लेखकों को पहले बाँधा और फिर माना कि यह गलत हुआ। भारत में जो दल के हिसाब से लेखन को नियोजित करने का प्रयत्न करते रहे, वे भी असफल हुए। फिर प्रयत्न करेंगे तो फिर असफल होंगे। मगर, जैसा मैंने पहले कहा है, लेखक किसी देवता के नाम पर छोड़ा गया गल्ला बाजार का साँड भी नहीं है, जो अपनी नस्ल के मद में मस्त घूमे और लोगों को सींग मारे। कुछ लेखकों को अपनी नस्ल का मद सीमा से ज्यादा चढ़ा हुआ है।

इस बार लम्बी चिट्ठी लिख गया, और देर से भेज भी रहा हूँ।

उम्मीद है, काम आ जाएगी।

आपका
ह० शं० प०

तीस

प्रिय बन्धु,

देखिए, फिर विचार होने लगा कि भारत-पाक संघर्ष में लेखकों का क्या कर्त्तव्य है। गोष्ठियाँ और परिचर्चाएँ हो रही हैं, जिनमें इन विषयों पर बहस होती है—युद्ध और लेखक, युद्ध और लेखक का दायित्व। संघर्ष या संकट जब सामने आता है, तब हम सबके कर्त्तव्य में शामिल न होकर, परिचर्चा करने बैठते हैं कि अब हम क्या करें। आबकारी विभाग में किसी परिचर्चा की खबर मुझे नहीं मिली, जिसमें विषय हो—'भारत-पाक युद्ध और आबकारी दरोगा के कर्त्तव्य!' मगर हैज़ा फैल जाए, तो लेखक टीका न खुद लगाएँगे, न पड़ोसियों को प्रेरित करेंगे, बल्कि तुरन्त परिचर्चा आयोजित करेंगे। जिसमें इन विषयों पर बहस होगी—हैजा और लेखक का दायित्व : हैजे के सन्दर्भ में। अति आधुनिकों की परिचर्चा के विषय ये होंगे—हैजा : एक सौन्दर्य-शास्त्रीय विश्लेषण या मृत्यु-बोध : हैजे के सन्दर्भ में। इस लड़ाई के दौर में मैं ऐसे लेखकों के नाम जानना चाहता हूँ जिन्होंने हवाई हमले से बचाव की शिक्षा ग्रहण की हो। नहीं, हमें पहले बहस करके तय करना है कि युद्ध पर कविता हो या न हो; अगर हो तो कैसी हो। इस बार सन् '६२ की तरह सड़क-सड़क कवियों ने दुश्मन की चटनी नहीं बनाई। बड़े दुख की बात है कि 'भुट्टो' को 'भट्टे'-सा न भूनकर इतना बढ़िया अनुप्रास यों ही खो दिया। शायद विजय कविता के लिए अनुकूल नहीं पड़ती। जब सेना दुश्मन की चटनी नहीं बना पाती, तब कवि को वह काम करना पड़ता है। युद्धबन्दी की शाम को रेडियो पाकिस्तान पर वहाँ के कवि हमारी चटनी बना रहे थे। ठीक वही हो रहा था, जो अपनी आकाशवाणी से सन् '६२ में हुआ था। खुशी की बात है कि परमपिता ने इस बार काव्य-रचना का मौका पाकिस्तान को दिया। उनका वीर-रस हास्य-रस हो रहा था।

सुनता हूँ राजधानी और प्रयागवादि में मँजे हुए लेखकों-कवियों ने

कहा कि हमें तलवार उठा लेना है और हमें नफरत भी करना है। ये दोनों काम मैं भी करना चाहता हूँ, जानना चाहता हूँ, कि तलवार किस पर उठाऊँ। सीमा पर सीमित युद्ध होने पर भीतर जनता के सशस्त्र प्रतिरोध की गुंजाइश होती नहीं है। अब प्रयाग, जबलपुर या हैदराबाद का लेखक तलवार निकाल भी ले, तो किस पर चलाए? सीमा पर जो हैं, उनकी तलवारें निकलने के लिए अपने कहने की राह तो देख नहीं रही होंगी। मैं नफरत भी करना चाहता हूँ। यों मैं युद्ध मात्र से नफरत करता हूँ—मगर यह सुनकर 'देशभक्त' खबर लेने आ जाएँगे कि तुम हतोत्साह करते हो। मैं पाकिस्तान के तानशाहों से और चीन के युद्धोन्मादियों से भी नफरत करता हूँ—पर उन पर मेरी नफरत का क्या असर पड़ेगा! तब किस पर तलवार निकालूँ और किससे नफरत करूँ? एक जमात है, जो मुझे बताती है कि दूर मत जाओ; यहीं तलवार चलाओ और यहीं नफरत करो। ये रोज शाम को खुद भी लाठी और 'क्षुरिका' चलाना और नफरत करना सीखते हैं। यह बाहरी शत्रु से लड़ने की तैयारी नहीं है, क्योंकि बाहरी शत्रु से तो तोप और टैंक से लड़ा जाएगा। इनकी लड़ाई तो भीतरी ही होगी। ये शायद इसी देश के लोगों से इस देश की रक्षा करना चाहते हैं। सोचता हूँ, क्या इसी जमात की भाषा जाने-अनजाने हमारे इन वरिष्ठ लेखकों के मुख से नहीं निकल रही है? और तब सवाल उठता है कि पाकिस्तान के शासकों से यह बात किस तरह भिन्न है? वे भी लोगों को नफरत करना और तलवार भाँजना ही सिखा रहे हैं?

पर बन्धु, प्रश्न परेशानी है। वे परम सुखी हैं, जिन्हें सर्वत्र नहीं घेरते। उन्होंने प्राथमिकशाला की अपनी गणित की पुस्तक के सिर्फ उत्तर के पन्ने फाड़कर रख लिए हैं। सवाल जाने बिना भी, जवाब उनके पास तैयार रहते हैं।

ऐसा ही सीधा जवाब यह है कि भेड़िये से लड़ना है, तो भेड़िया बनो। बहुत लोग इस देश में यही समझा रहे हैं। वे नहीं मानते कि भेड़िये से आदमी यों लड़ सकता है कि वह बन्दूक दाग देता है। इससे भेड़िया मर जाता है और आदमी बच रहता है। यह इन्हें स्वीकार नहीं। वे चाहते हैं कि एक भेड़िये के मरने के बाद दूसरा भेड़िया बचा रहे, जो अपने अहाते में रहे। मगर भेड़िये का क्या भरोसा? अपना भेड़िया पाकिस्तानी भेड़िये से

लड़ने के बदले उससे दोस्ती भी कर सकता है। तब अपना क्या होगा? पशु पर इतना भरोसा करना ठीक नहीं लगता। कुछ लोग कहेंगे कि ऐसी बातों से देश का मनोबल कम होता है। मैं पूछता हूँ—भेड़िये में क्या मनुष्य से अधिक मनोबल होता है?

कभी-कभी तो यह प्रश्न भी उठता है कि यह देश है किसका? राष्ट्रीय सुरक्षा कोष में वेतन देकर जब आदमी अनाज लेने पहुँचता है, तो व्यापारी दुगने या तिगुने दाम पर देता है। देश के लिए त्याग करके उसकी रक्षा करने की शपथ दोनों साथ लेते हैं। तब साधारण आदमी सोचता है कि देश किसका? मेरा या इस मुनाफाखोर का? यह जब देश की रक्षा का नारा लगाता है, तब किससे देश की बात करता है? और किसके लिए यह देश की रक्षा करवाना चाहता है? मुनाफाखोर कहीं यह तो नहीं कहता कि मेरे देशवासियो तुम तन, मन, धन देकर इस देश की रक्षा कर लो और मुझे सौंप दो। मैं इसे निचोड़ लूँगा। तुम हर बार इसकी रक्षा करके मुझे देते जाओ और मैं निचोड़ता जाऊँगा। यह जायदाद मेरी है। तुम लोग तो चौकीदार हो। इसमें देशभक्ति भी डर से पैदा होती है। इधर जब डर फैला कि यहाँ भी दो-चार दिन में बम गिरेंगे, तो बाजार में भाव गिर गए। मैंने एक आदमी से पूछा कि क्या देशभक्ति पैदा हो गई? उसने कहा—हाँ, पर डर के कारण देशभक्ति पैदा हो गई है। वे लोग सोचते हैं कि जल्दी माल बेचकर नकद हाथ कर लो। भागना पड़ा तो नकद लेते जाएँगे। बन्धु, युद्ध बन्दी हो गई, तो डर गया और देशभक्ति भी गई। अब फिर दाम बढ़ गए।

कुछ लोग इस देश को अनाथालय समझते हैं। जब उनसे राष्ट्रीय सुरक्षा के लिए द्रव्य माँगा जाता है, तो उन्हें ऐसा लगता है, जैसे अनाथालय के लड़के बैण्ड बजाकर उनकी हवेली के सामने चन्दा माँगने खड़े हैं। वे राष्ट्रीय सुरक्षा कोष में उसी तरह देते हैं, जैसे अनाथालय का चन्दा देते हैं। और अब इधर दबा अनाज निकालने के लिए सरकार ने भी अन्नदान चालू कर दिया है। सरकारी कर्मचारी अब अन्नदान माँग रहे हैं। मैंने कहा न लोग देश को अनाथालय मानते हैं, जिसका काम दान से चलता है—भूदान, ग्रामदान, अन्नदान!

बन्धु, इन सबके प्रति रोष-भरी कोई कविता मुझे सुनने को नहीं

मिली। ये भी देश के दुश्मन हैं, जो उसे भीतर से कमजोर कर रहे हैं। और वे भी दुश्मन हैं जो ठीक वही मानते हैं जो पाकिस्तान मानता है—कि धर्म से राष्ट्रीयता तय होती है। वे लगभग सात करोड़ लोगों को इस राष्ट्र के सदस्य ही मानने को तैयार नहीं हैं। वे वही कर रहे हैं, जो पाकिस्तान चाहता है। उनसे क्या हम किनारा काट जाएँ ?

बन्धु, यह लड़ाई लम्बी भी चल सकती है। जिन देशों ने कई साल तक लगातार हिटलर की बर्बर फौजों से लड़ाई लड़ी, वे क्या अपने कवियों के उन्माद के दम पर लड़ते रहे ? वे अधिक ठोस निश्चय और संयमित साहस से वर्षों लड़ सके और पशु बनने से बराबर इनकार करते रहे।

इस देश के साधारणजन का आतताई से लड़ने का जो दृढ़ और संयमित निश्चय इन दिनों प्रकट हुआ है, उसके सामने अपना यह कोरा युद्धोन्माद छिछोरापन लगता है। एक वृद्ध ने मुझसे कहा—भैया, तुम लोग अब और क्या कहोगे ? तुलसीदास जी ने राम से थोड़े में सब कहलवा दिया कि 'रण में हमहिं प्रचारै कोई, लड़े सुखेन काल किन होई !' काल से भी लड़ने के लिए जिसने तलवार निकाल ली है, उससे अब क्या कहें कि और तलवार निकाल ले ! उसे ज़रूरत उन विश्वासों की है, जिनसे उसका मनोबल बना रहे, वह पागल न हो और तलवार उठाने का सही उद्देश्य न भूले।

और सब ठीक चल रहा है। आशा है, उधर भी ठीक ही होगा।

आपका

ह० शं० प०

इकत्तीस

बन्धु,

पाकिस्तान में लड़ाई खत्म होने के बाद से तबीयत में कुछ गिरावट आ गई थी। कोई उत्तेजना नहीं रही और रिक्त-सा लगने लगा था। मेरे देश के लोग मुझ-जैसे छोटे लेखक का भी बड़ा ख्याल रखते हैं। उन्होंने बनारस (नहीं वाराणसी, वरना सम्पूर्णानन्द जी नाराज़ हो जाएँगे) में धर्मयुद्ध छेड़ दिया। लीजिए, फिर ज़िन्दगी ताजी हो गई और लगने लगा कि तूफानी हलचल वाले प्राणवान देश में रह रहा हूँ। खबर मिली कि बनारस की

सड़कों पर विश्वविद्यालय के हजारों लड़के शंख-घड़ियाल लेकर, हर-हर महादेव का नारा लगाते हुए, धर्म की रक्षा के लिए निकल पड़े। मैं उस दृश्य को देखना चाहता था कि धर्म के रक्षक 'ड्रेन पाइप' पहने थे कि नहीं, उनकी शिखाएँ थीं या नहीं, वे जनेऊ पहने थे या नहीं। बन्धु, बनारस के समाचार पढ़ता, तो ऐसा लगता जैसे 'कथा सरित्सागर' की कोई कथा पढ़ रहा हूँ जिसमें कथाकार कहता है—'अति प्राचीन काल में, शंकर के त्रिशूल पर स्थित वाराणसी नगरी में एक विश्वविद्यालय था। उसकी स्थापना महामना पं० मदन मोहन मालवीय ने की थी।'

बन्धु, धर्म का तत्त्व बड़ा जटिल है। उसका स्वरूप भी बदलता रहता है। जिस विश्वविद्यालय के नाम से 'हिन्दू' शब्द निकलने से धर्म नष्ट होने का डर है, उसका शिलान्यास विधर्मी, 'म्लेच्छ' अंग्रेज़ ने किया था। जिस अलीगढ़ विश्वविद्यालय के संविधान में परिवर्तन करने से, अब इस्लाम खतरे में पड़ जाता है, वह भी 'काफिर' अंग्रेजों के आशीर्वाद पाता था। उस वक्त हिन्दू धर्म और इस्लाम दोनों के रक्षक अंग्रेजों का कृपा-कटाक्ष पा लेने को उत्सुक रहते थे। अंग्रेज़ साहब पण्डित और मौलवी दोनों से ज्यादा पूज्य होता था। जो आज हिन्दू धर्म की रक्षा के नारे लगाते हैं और जो इस्लाम की रक्षा के लिए सम्मेलन करते हैं, वे सब अंग्रेज़ी की गुलामी कायम रखने में सहयोगी थे। सारे स्वतन्त्रता आन्दोलनों को दबाने में धर्मातमा लोग अंग्रेज़ों के सहायक थे। यानी, तब धर्म की रक्षा गुलाम बने रहने में होती थी। स्वतन्त्रता के बाद अंग्रेज़ मालिक चले गए, तो बेचारा धर्म अरक्षित रह गया। तो अब धर्म की रक्षा गुण्डों ने अपने हाथों में ले ली है। अलीगढ़ में और बनारस में धर्म की रक्षा इन्होंने की। हिन्दू गुण्डा इस वक्त हिन्दू धर्म का रक्षक है और मुसलमान गुण्डा इस्लाम का। 'धर्म' क्या है ? तो धर्मराज ने उत्तर दिया—'धर्म वह है जिसकी रक्षा या तो विदेशी साम्राज्यवादी करे, या गुण्डा।'

बन्धु, जो हुआ, उसने यही सिखाया है कि नाम बदलने से कुछ नहीं होता ! बीमारी पेट के भीतर है। ऊपर मलहम चुपड़ने से दूर नहीं होती। लेकिन गमले में खेती करवा के खाद्य समस्या हल करने वाले नेताओं का ख्याल रहा है कि नाम से ही सब कुछ होता है। कुछ साल पहले नेताओं ने सोचा था कि प्रजातान्त्रिक और समाजवादी भावना जातिसूचक उपनामों

को निकाल देने से ही जड़ जमा लेगी। तो घोषणा करके श्रीमन्नारायण जी अग्रवाल सिर्फ श्रीमन्नारायण रह गए। नाममात्र से काम चल गया। फिर नेताओं ने सोचा कि जो हम कर रहे हैं उसे एक अच्छा नाम दे दें। नाम से ही देश के लोग सन्तुष्ट हो जाते हैं। तो उसे 'समाजवाद' नाम दे दिया गया। बनारस का नाम बदलने पर भी झंझट हो चुकी है। सम्पूर्णानन्द जी ने पुराना से पुराना बताया—वाराणसी! काशी नहीं। अब मुश्किल यह है कि इस देश का साधारण आदमी 'काशी विश्वविद्यालय' कह लेता था, पर 'वाराणसी विश्वनाथ' नहीं कह पाता। इससे विश्वनाथ की महिमा घटी, इसकी परवाह 'जम्बूद्वीप' वालों ने नहीं की।

बन्धु, मुझे लगता है सरकार धर्म-निरपेक्षता की जाँच कर रही थी। पाकिस्तान से लड़ाई के दिनों में एकता के नारों से सरकार समझी कि बस, हो गया काम। ऊपर के नेताओं में बात हुई होगी—क्यों गुरु, देश में कैसी एकता स्थापित हो गई! न कोई हिन्दू रहा, न कोई मुसलमान; सब भारतीय हो गए। दूसरे ने कहा होगा—उस्ताद, ज़रा परीक्षा हो जाए। विश्वविद्यालयों में से साम्प्रदायिक शब्द निकाल दिया जाए। बनारस में परीक्षा शुरू हो गई। सरकार पहले परीक्षा ले रही थी, बाद में उसी को परीक्षा देनी पड़ी। मन्त्रियों, संसद और नेताओं के दिलों पर की धर्म-निरपेक्षता की पट्टी उतरी तो वहाँ 'हर-हर महादेव' लिखा मिला। अन्न आन्दोलनों को दबाने के लिए बहादुरी से गोली चलवाने वालों के होश उड़ गए जब अपने दल के लोग ही 'हर-हर महादेव' में शामिल हो गए। कुछ लोगों को चुनाव जीतने की आदत पड़ गई है। उन्हें डर लगा रहता है कि कहीं मतदाता नाराज़ न हो जाएँ। बनारस के संसद-सदस्य ने देखा कि क्षेत्र में साम्प्रदायिकता फैल गई है, तो उसने कहा कि मेरे मतदाताओ, अगर तुम्हें साम्प्रदायिकता पसन्द है, तो लो मैं भी साम्प्रदायिक हुआ जाता हूँ। ऐसे लोग अगर देखें कि क्षेत्र में डाकुओं का प्रभाव है, वे डाकुओं के पक्ष में होकर यह बता सकते हैं कि मैं कोई कम डाकू नहीं हूँ। चुनाव जीतने की आदत वाले, मत पाने के लिए, साम्प्रदायिक क्या डाकू, चोर और जेबकट भी बन सकते हैं। इस तरह परीक्षा हो गई और सरकार और संसद बुरी तरह फेल हो गए। मेरे सामने अखबार है जिसमे चेहरे बने हैं और नीचे नारा है—'हम सब एक हैं।' इसे इस तरह लिखना चाहिए—'हम एक-

दूसरे से नफरत करते हैं। एक-दूसरे से डरते हैं। मगर हम एक हैं।'

बन्धु, अजब स्थिति है इन विश्वविद्यालयों की। एक बड़ा मिथ्याचार चला करता है। नेता लोग कहते हैं—विद्यार्थियों को राजनीति से दूर रहना चाहिए। और फिर सब उन्हें अपनी राजनीति के लिए काम में लाते हैं। स्वस्थ राजनीति को विश्वविद्यालय में निषिद्ध करके वहाँ गुरुओं की गुट-राजनीति को भर दिया गया है। इस गुरु के चेले उस गुरु को उखाड़ते हैं। और इस खाली जगह में 'सांस्कृतिक' लोग घुस गए हैं। राष्ट्रीय स्वयं-सेवक संघ वाले पहुँचे और कहा—राजनीति हरगिज मत आने दो। पर हम तो शुद्ध सांस्कृतिक संगठन हैं। हमें शाखा लगाने दो। लग गई। उधर जमाते-इसलामी वाले पहुँचे और कहा—सियासत निहायत गन्दी चीज़ है। मगर हम तो इसलामी तहजीब वाले हैं। हमें आने दो। नतीजा यह है कि जो गुरु लाल किले के मैदान में घोषणा करते हैं कि प्रजातन्त्र, धर्म-निरपेक्षता और समाजवाद इस देश में नहीं चल सकते, उनके चेले लड़कों को शंख-घड़ियाल लेकर हाँकने लगे हैं। जो समझदारी की बात करते हैं, उनकी सभा में वे पत्थर फेंकते हैं और छुरी चलाते हैं। देखिए, विद्यार्थी राजनीति से कैसे साफ बच गए! वे ऐसे भोले हो गए कि विज्ञान, टेकनालॉजी, राजनीति, दर्शन तो पढ़ते हैं, मगर शंख बजाकर कोई भी उन्हें सड़कों पर निकाल सकता है। जिस सप्ताह ये लोग बनारस में फासिस्टों के हाथों में धर्म के नारे पर खेल रहे थे, उसी सप्ताह अमरीकी लड़के-लड़कियाँ अपने दूतावास के सामने अपनी सरकार की वियतनाम नीति के खिलाफ प्रदर्शन कर रहे थे। हमारे लड़के राजनीति से बिल्कुल दूर हैं; इसलिए धर्म की लड़ाई लड़ते हैं। ये १० हजार जो बनारस में 'हिन्दू' शब्द के लिए मर मिटने को तैयार हो गए थे, अगर काला बाजार और मुनाफाखोरी के खिलाफ कफन बाँध लेते, तो सारे देश की खाद्य-व्यवस्था सुधर जाती। लेकिन यह राजनीति हो जाती जिसे हमारे 'पवित्र' सत्ताधारी पसन्द नहीं करते। और धर्म के साथ मुनाफाखोरी का हमेशा सह-अस्तित्व रहा है।

बन्धु, सुबह पाकिस्तान को और शाम को चीन को कुचल देने की घोषणा करने वाली सरकार को पसीना आ गया, जब स्वदेशी फासिस्टों से सामना हुआ। मैंने देखा है, बहुत-से आचार्य, लेखक और कवि भी 'धर्म और संस्कृति' शब्द सुनते ही विह्वल हो जाते हैं और कहने लगते हैं—इसमें

क्या बुरा है ? इन भोलों को कौन समझाए कि यह धर्म-संस्कृति नहीं है, गन्दी खतरनाक राजनीति है। बाबू गोविन्ददास और डॉक्टर वासुदेवशरण अग्रवाल आदि समझा रहे हैं कि यह शब्द कितना व्यापक समन्वयकारी और सांस्कृतिक परम्परा का वाहक है। ये जाने किस जमाने की बात कर रहे हैं। क्यों समझने से इनकार करते हैं कि आज शब्द का उपयोग अत्यन्त संकीर्ण और देशघाती राजनीति के लिए हो रहा है।

बात लम्बी होती जा रही है। इसलिए अब बन्द करता हूँ। इतना ही पढ़कर लोग कहेंगे कि लेखक नेता की तरह बात कर रहा है। इससे 'साहित्य की पवित्रता' के भंग होने का डर भी कुछ लोगों को लगेगा। ऐसी बातें साहित्य में ज़रा नीचे 'अस्तर' की समझी जाती हैं न ! ऊँचे 'अस्तर' की बात बेखबरी में ही होती हैं। ऐसी ऊँचाई अपने में अभी नहीं आई।

और सब ठीक ही है।

सप्रेम

ह० शं० प०

बत्तीस

प्रिय बन्धु,

एक लम्बे अरसे के बाद आपको पत्र लिख रहा हूँ। इन महीनों में राष्ट्रीय और अन्तर्राष्ट्रीय क्षेत्रों में कई महत्त्वपूर्ण घटनाएँ घटीं—जैसे दगाल 'नाटो' से अलग हुए और मेरे सिर में चोट लगी। कुछ और घटनाएँ भी हुईं। जैसे राज्यों और केन्द्र की अकादमियों ने लेखकों को पुरस्कृत किया, बंगाल में विकट खाद्य आन्दोलन हुआ, हमारे शहर के बाजार में एक दिन अचानक ईश्वर की तरह चावल प्रकट हो गया, कलकत्ता में कथा-समारोह हुआ, दिल्ली में 'क्रुद्ध' रूसी युवतेशेंको कविता पाठ कर गया और बता गया कि हमारा क्रोध दूसरे प्रकार का है। इधर जबलपुर में, सुना है, एक समारोह में २-३ सौ आदमी 'दिनकर' 'का' २ घण्टे इन्तजार करते रहे क्योंकि 'दिनकर' मालिश करवा रहे थे। फिर सुना, उन्होंने माला तोड़कर फेंक दी। मुझे लगा, दिनकर भी क्रुद्ध कवि हो गए, 'परशुराम की प्रतीक्षा' समाप्त हुई।

इधर हम कहानीकारों में दो पराक्रमों की चर्चा है—एक तो यह कि

कलकत्ता के कथा-समारोह में जैनेन्द्र जी ने चारों तरफ से 'झेल कर' अपने को स्थापित किया और दूसरा यह कि राजेन्द्र यादव ने हिन्दी कहानी पर डिमाई आकार के ८० पृष्ठों का लेख लिखा है, जो अक्षर प्रकाशन से १० पाइन्ट मोनोटाइप में छपकर प्रसिद्ध हुआ है। पहिले पराक्रम को मैंने देखा है और दूसरों को पढ़ा है। कलकत्ता में मुझे विश्वास हो गया कि कथा-सम्बन्धी किसी भी समारोह की सफलता के लिए जैनेन्द्र की उपस्थिति जरूरी है। और जैनेन्द्र जी भी जानते हैं कि उनके लिए कथा-समारोह जरूरी है। इस समारोह में कोई नया लेखक स्थापित नहीं हुआ, स्थापित हुए सिर्फ जैनेन्द्र जी। उन्होंने पहली गोष्ठी में ही ऐसा कुछ कह दिया कि बाद के तीन दिन जो लेख कभी मंच पर आता, मंगलाचरण के रूप में जैनेन्द्र जी पर प्रहार करके आगे बढ़ता। गाँवों के बाहर इधर एक 'चिथर-याऊ' बेर होती है। जो भी वहाँ से निकलता है, एक चिन्दी फाड़कर उस पर अटका देता है। हम सब यही कर रहे थे और जैनेन्द्र जी सामने बैठे मुसकुराते रहते थे। अन्त में जब वे मुसकुराने से ऊब गए, तब क्रोधित हो गए। जैनेन्द्र जी ने एक जवाब में सबको निरुत्तर कर दिया। कहा—ये लोग कहते हैं कि सब बदल गया। क्या बदल गया? मैं साठ साल का हुआ पर मेरी बीवी तो बदली नहीं। अपनी बीवी नहीं बदली तो दुनिया नहीं बदली-—इस सहज विश्वास से बड़ी ताकत मिलती है।

बन्धु, इस समारोह की सफलता का सबूत मुझे वहीं मिल गया। मैं संस्कृति-संसद के नीचे खड़ा था कि तीन आदमी परेशान-से आए। मुझसे पूछा, क्यों साहब अपना अब कहाँ होगा? मैंने कहा—अमुक जगह होगा। कितने बजे से होगा? ७ बजे से होगा। क्यों साहब, अपना सवेरे भी हुआ था? हाँ, हुआ था! अरे, हमें तो पता ही नहीं चला और हो गया? वे ऐसे आदमी लगते थे, जिन्हें साहित्य या उसके विवाद से कोई मतलब नहीं। पर वे पूछते फिर रहे थे कि इनका अब कहाँ होगा। मैं खुश हुआ। अब कोई यह आरोप नहीं लगा सकता कि लेखक जनता से दूर है। मैं सोचता हूँ कि लेखक चन्दा करके पाठकों का सम्मेलन बुलवाएँ और पाठक हम लोगों के बारे में क्या कहते हैं यह सुनें। पर मेरे सुझाव पर कुछ लेखक कहेंगे—पाठक? पाठक क्या होता है? उससे हमें क्या मतलब? पाठक तो घटिया लेखक का होता है; साहित्य का नहीं। पाठकों के सम्मेलन से

सबसे ज़्यादा लाभ इन्हीं को होगा।

इधर हवाई जहाज की गड़बड़ के कारण रूसी कवि युवतेशेंको (सही-सही उच्चारण दिल्ली वाले ही जानते हैं) दिल्ली रुक गया। वहाँ उसने कविता-पाठ किया। यह रूस का क्रुद्ध कवि कहलाता है। पर अब यह भी कम क्रुद्ध कवि माना जाता है क्योंकि नए कुछ कवि इससे भी क्रुद्ध हैं। मैंने युवतेशेंको की तस्वीरें कविता पढ़ते हुए देखीं—सबमें क्रुद्ध कवि खुश नज़र आता है। कवि कितने ही क्रोध में हो, उससे कविता पढ़ने को कह दो, तो वह खुश हो जाता है। साम्यवादी देशों में भी युवकों को क्रोध आता है, यह हाल ही में मालूम हुआ है। यह पहले से रहा होगा, प्रकट अभी हुआ है। हंगरी, पोलैण्ड वगैरह के युवकों का क्रोध थोड़ा पहले प्रकट हो गया था। इनके क्रोध का अध्ययन करके एक हंगरी के प्राध्यापक ने लिखा था कि एक अनमने नाराज युवक से मैंने पूछा कि क्या तुम प्रतिक्रियावादी हो? उसने जवाब दिया—हम प्रतिक्रियावादी नहीं हैं। हम 'शंका' कर रहे हैं—क्रियाओं के इस यन्त्रीकरण के प्रति, जीवन के इस एक-स ढंग के प्रति। मेरे पिता एक दिन बहुत प्रसन्न थे क्योंकि उनके कारखाने में लक्ष्य से ऊपर उत्पादन हो गया था। मैंने कहा—तो इससे क्या हुआ? यह तो हर साल होता रहता है। इस पर वे बिगड़ पड़े।

बन्धु, हंगरी के युवक का क्रोध यन्त्रीकरण के प्रति है, युवतेशेंको का क्रोध 'गलतियों' के प्रति है, सख्त नौकरशाही और जड़ हुए मूल्यों के प्रति है। उससे दिल्ली में यह कहलवाने की बहुत कोशिश की कि उसका क्रोध व्यवस्था के प्रति है; पर उसने कहा—नहीं। अमरीका के नाराज युवक अपने राष्ट्रपति से नाराज़ हैं और अपने कपड़ों से भी अपने देश में भी नाराज़ युवक हैं। ये किससे नाराज़ हैं? मेरे एक मित्र का लड़का हाल ही में नाराज़ हुआ है। उसने पतली मोरी का पैण्ट सिलवा लिया है। एक दूसरा युवक अभी तक दाढ़ी बनाता था। कुछ महीने पहले वह एकाएक नाराज़ हो उठा और उसने दाढ़ी बढ़ा ली। सैकड़ों युवक मेरे सामने ही नाराज़ होते जाते हैं और चुस्त पैण्ट पहनकर दाढ़ी रखते जाते हैं, पर यह स्पष्ट नहीं होता कि ये नाराज़ किससे हैं।

बन्धु, साहित्य से क्रुद्ध लोग और रहस्यमय हैं। एक तो जितना क्रोध उन्हें होना चाहिए, उतना है नहीं। अपने देश में क्रुद्ध युवक की परम्परा

भी नहीं है। दुर्वासा से लेकर राजगोपालाचारी तक क्रुद्ध वृद्धों की परम्परा है। इस देश के युवक को नया-नया क्रोध आया है। जमने में देर लगेगी। मैं देख रहा हूँ कि जो अपने को बहुत क्रोधी बताते हैं वे रचनाओं में अपने मरने की बात करते हैं। यह कैसा क्रोध है? क्रोध आता है, तो जिस पर आया है, उसे मारा जाता है। यह कैसा क्रोध है, जिसमें अपने को ही मारा जाए? शायद यह पता नहीं कि क्रोध किस पर है। ऐसे एक क्रोधी कवि से मैंने पूछा कि यार, यह कैसा क्रोध है। उसने कहा—तुम्हारी समझ में नहीं आएगा। यह आध्यात्मिक क्रोध है। सचमुच, मुझे आध्यात्मिक क्रोध समझ में नहीं आता। आध्यात्मिक क्रोध शायद विश्वामित्र का था जिन्होंने त्रिशंकु को बीच में लटका दिया था। कई बार ऐसा होता है कि हम तय करते हैं कि आगामी महीने-भर हम क्रोध करेंगे। पर यह समझ में नहीं आता कि किस पर क्रोध करें। या, अगर क्रोध का पात्र पहचान भी लेते हैं, तो उस पर क्रोध करने के परिणाम भुगतने को तैयार नहीं रहते। पर क्रोध करने का हमने तय कर लिया है। तब 'हम किसी बेचारे' की तलाश करते हैं। इस तलाश में यह तथ्य हाथ लगता है कि सबसे बेचारे तो हम ही हैं। तब हम अपने कपड़े फाड़ लेते हैं, बाल नोंच लेते हैं और नाखून से सीना फाड़ लेते हैं। अपने को जितना बुरा कहा जा सकता है, कह लेते हैं। यह क्रोध अलग ढंग का है और बहुत-से लोग जो अपने को 'क्रुद्ध' कहते हैं, मुझे इसी प्रकार के लगते हैं। असमर्थ और दिशाहीन क्रोध अपने ही कपड़े फड़वाता है।

पर जैसा मैंने कहा, हम धीरे-धीरे क्रोध सीख जाएँगे। वृद्धों ने अभी-अभी तो हमें क्रोध करने की इजाजत दी है।

बाकी सब ठीक है।

आपका

ह० शं० प०

तैंतीस

प्रिय बन्धु,

'कल्पना' का दो महीनों का संयुक्तांक वह भी देर से मिला। साहित्यिक पत्रिका का संयुक्तांक उसके बारे में डर पैदा करता है। आशा है, सब

कुशल है। 'वसुधा' के हमने काफी संयुक्तांक निकाले थे। एक बार तो तीन महीने का एक निकाला था। फिर शर्म आने लगी, ग्राहकों को भी और हमें भी। तो बन्द ही कर दी गई।

इन दिनों साहित्य का बाजार ठण्डा है, राजनीति का गर्म है। चुनाव के साल 'शीत' ऋतु भी गर्म होती है।

साहित्य में देख रहा हूँ कि नापसन्दगी का दौर चल रहा है। पसन्द करते-करते जब 'आलोचक या विद्वान पाठक' ऊब आता है, तब वह स्वाद बदलने के लिए नापसन्द करने लगता है। कुछ साल नापसन्द करता है और फिर पसन्द करने लगता है। इतने विशेषांक और संकलन निकल रहे हैं, मगर कोई चीज़ पसन्द नहीं आ रही है। बड़ी मेहनत से, सज-धज के साथ लेखक या सम्पादक विशेषांक या संकलन निकालता है। फिर हम इन्तजार करते हैं कि देखें, कौन क्या कहता है। लगभग सब एक-सी बात कहते हैं—एक भी रचना उच्चकोटि की नहीं है। अच्छे लेखकों की घटिया रचनाएँ संकलित हैं। यह कहना सही भी हो सकता है और यह आदत भी हो सकती है। यह आदत जहाँ तक मुझे याद है, 'धर्मयुग' के 'कथा-दशक' से शुरू हुई। इससे जो हैरानी हिन्दी में पैदा हुई, उससे यह उद्गार हृदय के अन्तरतम से निकला—इतनी रचनाओं में एक भी अच्छी नहीं। बस, आदत पड़ गई। अन्तरतम की भी आदत बन जाती है। इससे समीक्षकों का काम बहुत आसान हो गया। उन्हें संकलन या विशेषांक की खबर-भर मिल जाए, वे उसे देखे बिना भी मत दे देंगे—एक भी रचना अच्छी नहीं है, बड़ी निराशा होती है।

अभी 'नई धारा' का समकालीन कहानी विशेषांक कमलेश्वर ने सम्पादित किया है। उस पर दो मत ही मैं अभी तक पढ़ पाया हूँ। ये मत किसी भी विशेषांक पर किसी भी जमाने में दिए जा सकते हैं। इनकी कोई पकड़ नहीं है।

आजकल शायद रचना-युग नहीं वक्तव्य-युग चल रहा है। मुझे बहुत ज्ञानवर्द्धक और दिलचस्प वक्तव्य पढ़ने को मिल रहे हैं। इसी विशेषांक में लेखकों से सवाल पूछा गया था—क्या तुम अकेलापन—अनुभव करते हो? इस सवाल का साधारण आदमी के लिए दूसरा मतलब होता है। उससे पूछो—भैया, क्या तुम अकेले हो? वह कहता है—नही, शादी हो

गई। पर यही सवाल लेखक से पूछिए। वह मुँह बन्द करके गम्भीर बनेगा। फिर ज़रा-सी ओठ खोलकर कहेगा—अकेलापन? हूँ! मैं देखता हूँ···वगैरह।

'नई धारा' के इस विशेषांक में लेखकों ने इस प्रश्न के जवाब दिए हैं। कुछ ने तो सीधे जवाब दिए हैं—हम अकेले नहीं हैं, सबके साथ हैं। कुछ ने मुझे बहुत निराश किया है। मैं उन्हें अकेला मान रहा था, पर वे कहते हैं कि हम अकेले नहीं हैं। कुछ वक्तव्य अपनी पेचीदगी, और अदा के कारण मुझे बहुत अच्छे लगे। एक-दो नमूने पेश करता हूँ।

सर्वेश्वरदयाल सक्सेना और रघुवीर सहाय एक ही संस्था में, एक ही छत के नीचे, काम करते हैं। वहीं श्रीकान्त वर्मा, मनोहरश्याम जोशी वगैरह भी काम करते हैं। अब ज़रा वक्तव्य देखिए—

सर्वेश्वर कहते हैं—'सच तो यह है कि मैं चारों ओर मूर्खों, कायरों और ढोंगियों से घिर गया हूँ—उनसे ही लड़ता हूँ, जूझता हूँ, पराजित होता हूँ और फिर जयी बन जाता हूँ; फिर-फिर लड़ने, जूझने और पराजित होने के लिए।' (पृष्ठ १२९)

और रघुवीर सहाय जी सर्वेश्वर के साथ ही काम करते हैं, लिखते हैं—'मैं गधों, आधे पागलों और मक्कारों के लिए जिम्मेदारी महसूस करता हूँ—' (पृष्ठ १२३)

दोनों वक्तव्यों को अलग-अलग और फिर मिलाकर पढ़िए। दिलचस्प सन्दर्भ निकलने लगते हैं।

इसी सन्दर्भ में केशवचन्द्र वर्मा कहते हैं—'अगर मुझे एक छड़ी से चाहे जिस किसी को जी-भर पीटने का एक सार्वजनिक अधिकार मिल जाए, तो मैं लिखना बिलकुल बन्द करके अपने कटे हुए जीवन से सन्तुष्ट रह सकने की कोशिश कर सकता हूँ।'

अब मैं आपको बतलाता हूँ कि कोई क्यों लिखता है और क्या होता कि वह न लिखता। संयोग से 'ज्ञानपीठ पत्रिका' का ताजा अंक मेरे सामने है और उसमें संयोग से सर्वेश्वरदयाल का ही वक्तव्य है। उन्हीं के शब्दों को सुनें कि वे कविता न लिखते यदि—हिन्दी के आज के प्रतिष्ठित कवियों में एक भी ऐसा होता जिसकी कविताओं से कवि का एक व्यापक जीवन दर्शन मिलता—हिन्दी के गण्यमान्य आलोचकों में एक भी आलोचक ऐसा

होता जिसने प्रयोगवादी या नई कविता के बारे में एक भी समझदारी की बात कही होती।—हिन्दी का एक भी जागरूक पाठक ऐसा होता जिसने हिन्दी की वर्तमान विभूतियों की नई लिखी जाने वाली रचनाओं पर असन्तोष न प्रकट किया होता।

सीधी बात है। किसी दूसरे कवि से पूछो तो वह न जाने क्या उलझन-भरी बातें करता है। मगर सर्वेश्वर की बात सुलझी है। उन्होंने देखा कि एक भी कवि ढंग का नहीं है और एक भी आलोचक समझदार नहीं है। पाठक को है असन्तोष। यह देख उन्होंने कहा—अच्छा, अगर ऐसा है तो मैं ही कविता लिखने लगूँ। अगर दूसरे कोई कच्छे कवि होते और आलोचक भी ठीक होते, तो कविता लिखने की प्रेरणा उन्हें हरगिज़ नहीं होती। इस वक्तव्य में आगे उन्होंने और भी कारण बताए हैं—जैसे मठाधीशों, राज-नेताओं और मक्कार लेखकों के कारण मजबूरी में उन्हें कविता लिखनी पड़ी है। याने सर्वेश्वर को रचना की प्रेरणा बुरे लेखकों, मठाधीशों, बदमाशों से मिली है। मैं सोचता हूँ, हम भी कितने खराब लोग हैं कि बेचारे एक भले आदमी को तंग करके उससे कविता लिखवाते हैं। क्यों नहीं हम लोग थोड़े अच्छे हो जाते कि बेचारे को राहत मिले।

बन्धु, इन दिनों गर्मी का मौसम वक्तव्य पढ़कर गुजार रहा हूँ। इनसे थोड़ी ताजगी आ जाती है, दिमाग भी साफ होता है।

आशा है, आप सानन्द हैं।

सस्नेह

ह० शं० प०

चौंतीस

प्रिय बन्धु,

लगभग ढाई साल बाद फिर चिट्ठी लिख रहा हूँ। आशा है, उधर आन्ध्र में सब ठीक होगा और हरिजनों को जिन्दा जलाने की क्रिया को कानूनी रूप मिल गया होगा।

पूछा जा सकता है, फिर चिट्ठी क्यों लिख रहे हो? स्तम्भ को फिर अवतार लेने की ऐसी क्या ज़रूरत पड़ गई? क्या इन वर्षों में 'धरम की हानि' हो गई? क्या 'असुर, अधम, अभिमानी' बहुत बढ़ गए?

ऐसा कुछ नहीं हुआ। अभिमान बढ़ा नहीं, टूटा ही है। अपनी हिन्दी के पुराने अभिमानी चन्दन लगाकर किसी-न-किसी देव मन्दिर में प्रभु के सामने खड़े हो गए हैं। नए अभिमानी टाई की गाँठ ठीक करते साहब या साहबान के कमरे में घुसकर कहते हैं—सर (या मैडम) आप चाहे न मानें. पर आप अकवि हैं। साहब या मेडम उवाच—अगर तुम मुझे अकवि मानते हो, तो अपनी तरक्की के कागजात ले आओ। नौकरी और तरक्की की दरखवास्त-जैसी नई कविता में लिखी जाती है, वैसी ही अकविता में। दोनों में 'अर्थ' की लय होती है।

बन्धु, चिट्ठी लिखने का कारण यह है कि इस वक्त हिन्दी में 'संवाद' का मौसम चल रहा है। 'आलोचना' में नामवरसिंह ने लिखा है कि अज्ञेय ने कहा था कि हमें नई पीढ़ी से संवाद की स्थिति पैदा करनी चाहिए। शब्द की गेंद अगर उछली है, तो अच्छे खिलाड़ी उसे लोकेंगे ही। देख रहा हूँ, तमाम पत्र-पत्रिकाओं में चतुर खिलाड़ी 'संवाद' की गेंद को लोक रहे हैं। संवाद शुरू भी हो गए हैं 'बुखार में' कविता के बाद नामवरसिंह और श्रीकान्त वर्मा में संवाद बन्द हो गया था। अब शुरू हो गया लगता है। नामवरसिंह ने सोचा होगा, अब बुखार उतर गया, इसलिए बात हो सकती है। श्रीकान्त ने सोचा होगा, इन्होंने बीमारियाँ ढूँढ़ना बन्द कर दिया है तो बात हो सकती है। धर्मवीर भारती और नामवरसिंह का जो संवाद चला, सो आपने पढ़ ही लिया होगा। कमलेश्वर के एक तरफ साधारण प्रेत बोलते हैं और दूसरी तरफ अय्याश प्रेत। बेचारे को दोनों तरह के प्रेतों से 'संवाद' करना पड़ता है। दोनों तरह के प्रेत कमलेश्वर से कहते हैं—प्रेत तुम भी हो। फर्क यह हो सकता है कि हम बबूल पर बैठे हैं तो तुम पीपल पर।

संवाद इतने होने लगे हैं कि हिन्दी संविद बनने की सम्भावना बढ़ गई है। पिछले चुनाव के वक्त दलों में संवाद होने लगे थे, तो जगह-जगह संविद बन गई थी। संविद बनना कोई बुरा नहीं है। पर फिर दल-बदल होता है और अन्ततः अल्पमत की सरकार बन जाती है। डर है हिन्दी में कहीं अल्पमत की सरकार न बन जाए। जो भगवान को मंजूर होगा वही होगा। मैंने तो यह सोचा कि इस सुहावने संवादी मौसम में हमारा-आपका संवाद भी क्यों न हो जाए। और मैं चिट्ठी लिखने बैठ गया। संवाद जरूर

चाहिए। पर इसके सम्बन्ध में तीन प्रश्न एकदम उठते हैं—संवाद कैसे होगा? क्या होगा? किस भाषा में होगा? संवाद होने के लिए मुँह आमने-सामने होने चाहिए। आपको याद होगा, १०-१२ साल पहले 'कल्पना' में अज्ञेय की एक कविता छपी थी, जिसका सार था तू मेरे पीछे-पीछे मेरे पग-चिह्नों पर पाँव रखता, मुझे मुँह भर-भर गाली देता हुआ चला आ। मेरी तो तुझे पीठ ही दिखेगी क्योंकि मैं तुमसे आगे हूँ। इस स्थिति में संवाद नहीं हो सकता। पीठ और मुँह में बोलचाल कैसे होगी? तभी से इन्तजार हो रहा था कि कभी पीठ में जीभ निकलेगी तो बात करेंगे। आगे वाली पीढ़ी की पीठ में जब जीभ निकल आती है, तब संवाद होने लगता है। देर चाहे लगे, पर पीठ में जीभ निकलती ज़रूर है। लगता है, हाल ही में जीभ किसी मजबूरी में निकल आई है और संवाद की स्थिति पैदा हो गई है। अगर यही जीभ ६-७ साल पहले निकल आई होती, तो अब तक ढेर सारी बात-चीत हो जाती। मगर जीभ अपना वक्त लेती है।

दूसरी बात है—संवाद क्या होगा। इधर पड़ोस में दो पीढ़ियों का संवाद महीने में एक-दो बार सुनता हूँ। एक वजीफा प्राप्त सज्जन हैं, जिनका बैंक में उत्कोच-अर्जित बहुत पैसा है। उनका जवान लड़का है जो नौकरी करता है। इनमें जब संवाद होता है तो गाली-गलौज होती है। लड़का बाप से स्कूटर खरीदने के लिए रुपए माँगता है और बाप बेटे की तनख्वाह में से पान-सिगरेट के लिए पैसे माँगता है। दोनों में सिर्फ इन मुद्दों पर ही संवाद होता है। साहित्य की दो पीढ़ियों के संवाद की बात उठी तो मुझे ये पड़ोस के संवादी याद आ गए। कहीं ऐसा तो नहीं है कि यह पीढ़ी की जमा-पूंजी में से स्कूटर के लिए रुपए माँगे और वह पीढ़ी इनसे पान-सिगरेट का खर्च माँगे—और इसी को हम लोग साहित्यिक संवाद कहने लगें।

तीसरी बात है, संवाद की भाषा की। सुन रहा हूँ—इस पीढ़ी को अपना मुहावरा मिल गया है। मगर उस पीढ़ी को भी अपना मुहावरा मिल गया होगा। अलग-अलग मुहावरों में संवाद कैसे होगा? यह पीढ़ी कहेगी—'संत्रास'! तो वह पीढ़ी कहेगी—हमारे 'कोर्स' में यह शब्द नहीं था। वह पीढ़ी कहेगी—आत्मान्वेषण, दायित्व! तो यह पीढ़ी कहेगी—इन शब्दों की पढ़ाई बीस साल पहले बन्द हो गई थी।

बन्धु, मुहावरा तो खोज लें, लेकिन जिम्मेदार लोग उसे रहने दें, तब न। मैं भी मुहावरा खोजता हूँ। मगर मेरे साधारण मुहावरे भी टिक नहीं पाते। एक रचना मैं मैंने लिखा 'बलात्कार'। बहुत बड़े सेठ जी के पत्र ने उसे छापा 'अपहरण'। बलात्कार को संस्कार दे दिया। बात यह है कि सेठ जी की तरफ से लाइसेन्स के लिए सचिवों को लड़कियाँ भेंट की जाती हैं। उनके पत्र में अगर 'बलात्कार' छप जाता, तो कितनी अनैतिक और भद्दी बात हो जाती! दूसरी रचना में मैंने लिखा 'पेशाब' मगर वह छपा 'लघुशंका', मैं मजबूरी समझ गया। अगर 'पेशाब' छप जाता, तो सेठ जी को शक्कर की बीमारी हो सकती थी। उन्हें 'डायबिटीज़' से बचाने के लिए अगर मेरे मुहावरे का बलिदान हो गया तो कोई हर्ज नहीं।

बन्धु, मुहावरे के इस हश्र से डरकर ही कुछ लोग 'देह की राजनीति' जैसे मुहावरे प्राइवेट ढंग से चला रहे हैं। और संवाद भी प्राइवेट कारणों से, प्राइवेट मुद्दों पर, प्राइवेट भाषा में ही ज्यादा हो रहे हैं। इस सम्बन्ध में आगे कभी लिखूंगा।

आपका
ह० शं० प०

० ०